Zur Person: Tina Wessig (47, Kontakt: wessig@aon.at) ist Journalistin und Hundetrainerin. Sie ist Kursleiter für Welpen, Junghunde und Unterordnung des Österreichischen Gebrauchshundesport-Verbandes und Trainer für Unterordnung des Österreichischen Kynologenverbandes, Prüfungsleiter sowie Obedience-Prüfungsleiter.

Die Welt mit seinen Augen sehen –
Vom Hundeliebhaber zum Hundeversteher

Alltagssituationen begreifen,
Lösungen finden, Probleme beheben

Tina Wessig

Herstellung und Verlag: BoD – Books on Demand, Norderstedt
Bibliografische Information der Deutschen Nationalbibliothek: Die Deutsche
Nationalbibliothek verzeichnet diese Publikation in der Deutschen
Nationalbibliografie; detaillierte bibliografische Daten sind im Internet über
www.dnb.de abrufbar.

© / Copyright: 2017 Tina Wessig
Umschlaggestaltung, Illustration: Tina Wessig
Lektorat, Korrektorat: Tina Wessig, wessig@aon.at
ISBN: 9783743192423

Das Werk, einschließlich seiner Teile, ist urheberrechtlich geschützt. Jede
Verwertung ist ohne Zustimmung des Verlages und des Autors unzulässig. Dies
gilt insbesondere für die elektronische oder sonstige Vervielfältigung,
Übersetzung, Verbreitung und öffentliche Zugänglichmachung.

INHALT

1 Mein Weg zum Hund

2 Anfänge im Hundesport

3 Belohnung im Training

4 Berührung ja, aber richtig

5 Die richtige Paarung

6 Wer passt zu mir?

7 Der Wanderpokal

8 Angst vor dem Hund

9 Training und Hektik

10 "Mein Hund spielt nicht"

11 Führung ist alles!

12 Blutige Schrammen

13 Rituale im Alltag

14 Richtige Beschäftigung

15 "Hat er mich lieb?"

16 Privilegien gewähren

17 Namen nennen

18 Ausdrucksverhalten

19 Die Angst des Riesen

20 Die größten Irrtümer

Dieses Buch ist entstanden, um Hundeliebhabern mehr Einblick in Verhaltensweisen des Hundes zu ermöglichen und sie zu echten Hundeverstehern werden zu lassen. Denn es genügt nicht, einen Hund zu lieben, er braucht - und das hat nichts mit Drill und Kasernenhof zu tun - klare Regeln, strukturierte Abläufe und Anforderungen, die er zu leisten in der Lage ist. Und glauben Sie mir, Sie können mit winzigen Veränderungen in Ihrem Verhalten massive Veränderungen im Verhalten Ihres Hundes bewirken.

Konkret entstanden ist dieses Buch übrigens aus einer Situation, die unerwartet und plötzlich eingetreten ist: Ich habe mit großer Leidenschaft neben meinem Beruf als Journalistin den Hundesport vor etlichen Jahren für mich entdeckt, zwei Terrier mehr schlecht als recht ausgebildet und wollte schon immer mit Menschen und ihren Hunden arbeiten. Im Rahmen meiner Ausbildung absolvierte ich Seminare, legte Prüfungen ab, erfuhr Rückschläge und erlebte Erfolge. Irgendwann war der Moment gekommen, da ich mich entscheiden musste, ob ich in der Tretmühle des Berufs am Rande des gesundheitlichen Wahnsinns bleiben oder meine Leidenschaft zum Beruf machen sollte.

Nach dem zweiten Burn-out innerhalb von zehn Jahren und lebensrettenden Gesprächen mit meiner Ärztin stand für mich fest, dass es nur den einen Weg geben würde: den Weg des Herzens, den Weg, der mich glücklich macht und bereichert. Gut, nicht finanziell vielleicht, aber ideell auf jeden Fall.

WIDMUNG:

Ich widme dieses Buch allen Hundebesitzern, die an einem glücklichen Zusammenleben mit ihren Vierbeinern interessiert sind. Sie sind es, die ich erreichen möchte. Ich werde Ihnen Einblick in diverse Verhaltensweisen geben, Unstimmigkeiten erläutern, beheben und dabei versuchen, die geläufigsten Probleme zu lösen.

Danksagung: Das größte Dankeschön gebührt meinen Eltern, die mir schon früh die Haltung des ersten Hundes ermöglichten und bis zum heutigen Tage geliebte Begleiter in meinem Leben sind, sowie meinem Partner Michael für seine Begeisterung, sein Engagement und seine Unterstützung.
Ein ebenso großes Dankeschön hat sich meine Ausbildnerin und Freundin Sabine Muschl verdient, bei der ich so viel lernen durfte und immer wieder feststelle, dass "Hundekunde" ein Wissen ist, das man niemals ganz und gar erlernen kann: Denn kaum glaubt man, viel zu wissen, stellt man fest, dass sich andernorts gerade ein ganzer Kosmos an Neuland auftut.
Zuletzt geht mein ganzer Dank an meinen ersten Pudel Gipsy, meine Wheaten Terrier-Hündin Lisa, meine Schäfer aus dem Tierschutz, Nandor und Max, und an meine aktuelle Hundetruppe: Airedale Terrier Dusty, Irish Terrier Scully und die Königspudel Chica und Giovanni.

VORWORT:

Hunde bereichern unser Leben unendlich. Sie geben uns vorbehaltlos und überschwänglich Zuneigung und bewerten nicht nach menschlichen Systemen: Wir fühlen uns von ihnen in höchstem Maße angenommen, ja verstanden, weil sie nicht kritisch sind. Kein Bauchansatz bei "ihrem" Menschen, keine Glatze, kein mageres Bankkonto kann sie davon abbringen, voll und ganz im Moment zu leben und zu lieben. Und das macht sie für uns so liebenswert.

Voraussetzung für dieses friktionsfreie, angenehme Zusammenleben ist natürlich ein gut sozialisierter, freundlicher Hund ohne irreführende und schlechte Erfahrungen in der Vergangenheit. Aber auch jenen mit einem schweren Schicksal und entsprechend schwierigen Verhaltensweisen werden wir uns in diesem Buch ausführlich widmen. Viel Freude beim Lesen!

-1-
Mein Weg zum Hund

Meinen ersten Hund bekam ich mit neun Jahren. Eigentlich hätte ich ihn schon mit sechs Jahren nach dem ersten Volksschuljahr bekommen sollen, denn mein Vater meinte als Ansporn und Antwort auf mein ewiges Drängen: "Wenn Du lauter Einser hast, bekommst Du einen Hund!"
Nun - ich hatte die ganze Volksschulzeit lauter Einser, aber noch immer keinen Hund. Man wollte mich mit Hamstern, Kaninchen und anderem Getier von meinem Herzenswunsch abbringen, aber - Fehlanzeige. Schließlich kam ein wenige Wochen altes Kleinpudelmädchen namens Gipsy ins Haus. Sie musste all das ertragen, was ein "Kinderhund" so durchstehen muss, wurde im Puppenwagen herum geschoben und bekam eine Mütze aufgesetzt. Aber sie nahm es mit Gleichmut und schenkte mir wunderschöne Momente, ehe sie mit 13 Jahren über die Regenbogenbrücke ging.
Nach hundelosen Jahren in einer innerstädtischen Wohnung und einer Übersiedlung an den Stadtrand entschied ich mich in den Mittzwanzigern wieder für einen Hund: Eine Soft Coated Wheaten Terrier-Hündin sollte es sein. Lisa kam von einer Züchterin, die verschiedenen Terrierrassen ihr Herz geschenkt hatte, dort sah ich auch erstmals majestätische Airedales und quirlige Irish Terrier, die mich heute begleiten. Lisa war eine wunderbare Hündin, kein Querkopf, sondern anschmiegsam und so gesehen ein idealer Hund. Mit ihr zogen mein Mann und ich aufs Land – doch das geräumige Haus und der riesige Garten waren für nur einen Hund fast ein wenig zu groß.
Das Schicksal wollte es, dass sich meinen Schwiegereltern ein großer, betagter Deutscher Schäferhund anschloss, der - nach einer Nacht auf der Polizei und einer Anzeige in der Zeitung, die ergebnislos blieb - bei uns einzog. Ein liebenswerter Hund und unser erster, der "lachen" konnte. Als wir das erste Mal beim Heimkommen die gebleckten Zähne und die in Falten gelegte Nase sahen, waren wir zwar erschrocken, lernten aber nach wenigen Tagen, dass der Hund immer dieses Gesicht aufsetzte, wenn er sich freute.

"Max" riefen wir den prachtvollen Rüden, ein großrahmiger, edler Hund, aber leider von schweren Schäden in den Hüftgelenken geplagt. Aber einige schöne Jahre konnten wir dem "Findelkind" doch noch gewähren, und bis heute bin ich erstaunt, mit welch stoischer Ruhe der Hund am ersten Tag durch unser Haus schlenderte, mit uns durch alle Räume ging und dann einfach "angekommen" war. Nachdem wir Max gehen lassen mussten, suchten und fanden wir einen würdigen Nachfolger in Nandor, der aus einer ungarischen Tötungsstation gerettet wurde: ebenfalls ein Schäfer, aber kompakter, zierlicher, ein herzensguter Hund.

Unsere Wheaten Terrier-Hündin Lisa beobachtete das Kommen und Gehen ohne viel Aufhebens, blieb sie doch über all die Jahre mein Herzenshund. Daher gab es keine Eifersüchteleien, weil das Ranking für sie augenscheinlich klar war. Und das habe ich bis heute beibehalten – mein ältester Hund bekommt seinen Futternapf immer als erster und hat auch sonst einige Privilegien.

Dann war es Zeit, den lang gehegten Wunsch nach einem Irish Terrier wahr werden zu lassen und Scully wurde auserkoren, Nandors kleine Gefährtin zu werden. Er hatte sichtlich Freude an der lebhaften, roten Hündin und begleitete sie durch die Jugend. Doch dann wurde Nandor leider plötzlich sehr krank, hatte Anfang der Woche zu fressen aufgehört, von Mittwoch bis Freitag kämpften wir um sein Leben - und am Wochenende hatte der Leberkrebs bereits zu einem Multiorganversagen geführt. Nachdem wir den Schmerz verarbeitet hatten, fehlte ein Rüde in unserem Dreiergespann. An die Variante mit zwei Hündinnen und einem Rüden hatten wir uns schon gewöhnt und so ging die Debatte los: Welcher Hund und woher?

Mein Mann wollte erneut einen Schäfer und so machten wir uns wieder auf den Weg in das Tierheim, das uns seinerzeit Nandor überlassen hatte. Doch der Schäfer, der uns zu einem Spaziergang übergeben wurde, muss Schreckliches mitgemacht haben, nahm keinen Kontakt zu Menschen auf, hockte man sich zu ihm, schnappte und drohte er, einzig unsere Wheaten-Hündin schien ihn ein wenig zu interessieren.

Der Hund schenkte uns nicht einen Blick, überhörte geflissentlich unsere Stimmen – und biss zu guter Letzt meinen Mann in die Hand, in dem Moment, als er die Leine der Heimleiterin zurückgeben wollte.

Nach diesem Rückschlag wurde uns klar, dass wir bislang mit unseren Hunden wohl doch Glück gehabt hatten. Doch dieser Rückschlag hatte auch sein Gutes: Immerhin setzte ich mich damals durch und erfüllte mir statt des Schäfers meinen lang gehegten Wunsch nach einem Airedale Terrier.

Dusty lernte ich bei seinem Züchter kennen: Er war damals ein ungestümer Jungspund mit etwas über sieben Monaten. Die Zwillinge der Züchterfamilie schienen da schon mächtig Eindruck auf ihn gemacht zu haben, denn Dusty liebt Kinder bis heute. Damals setzte er alles daran, der Dreijährigen, die mit einem Puppenwagerl durch den Garten kurvte, die in rosa Tüll gekleidete Barbie-Puppe zu stehlen. Der Hund gewann, das Kind brüllte, die Mutter gab dem Kind die Puppe zurück. Der Hund stahl wieder und seine Augen blitzten.

Ja, nachdrücklich ist Dusty bis heute, wenn er etwas wirklich will. Nur ist das, was er will, meist nicht das, was ich will. Und doch ist der Widerspruchsgeist in meinen Terriern etwas sehr Reizvolles für mich. Für meinen Mann war es offenbar weniger reizvoll, wollte er doch immer noch einen Schäfer und konnte dem eher britischen Humor meines Airedales wenig abgewinnen. Um es kurz zu machen: Mein Mann ging, der Airedale blieb. Und zu guter Letzt kam einige Jahre später das schwarze Königspudel-Baby Chica ins Haus: Ein artiger, zärtlicher und überaus leichtführiger Sonnenschein, der mich heute im Hundesport nicht mehr ganz so dumm aussehen lässt wie der Airedale damals. Aber der Reihe nach ...

-2-
Mein Weg zum Hundesport

Mein Weg zum Hundesport war eher ein Zufall. Irgendwann besuchte ich das erste Mal eine Ortsgruppe in meiner Nähe und war rasch begeistert von all den scheinbar manierlichen Hunden, die auf Kommando beinahe tänzelnd ihre Übungen abspulten. Was so leicht aussah, faszinierte mich und so schloss ich mich dem Verein an. Ich tauchte immer tiefer ein in die Materie, lernte, hörte zu, passte auf, las nach.

Irgendwann später wollte ich selbst einmal da draußen stehen und den Menschen Wissen vermitteln. Das ist heute der Fall und darüber bin ich glücklich, aber ich gebe in aller Demut zu, dass das "Wissen" im Umgang mit Hunden ein schier unendliches ist. Aber gerade das macht es so spannend, das Wesen Hund zu verstehen.

Jeder Mensch, der einen oder mehrere Hunde besitzt, kommt nämlich hie und da in Situationen, die unangenehm sind. Aber im Vertrauen: Sie sind es meist auch für den Hund. Pöbeln an der Leine, Trennungsangst, Kontrollverlust, Dominanzgehabe – all das sind Rituale, die grundsätzlich jeder Hund "erlernen" kann, wenn es dazu kommt, dass dieses Verhalten aus seiner Sicht immer wieder erfolgreich war.

Aus Hundesicht geht es in diesen Momenten um das Bewahren seiner Ressourcen, egal, ob das der Mensch selbst ist, Futter, Plätze, die für ihn besondere Bedeutung haben oder andere Dinge, die es zu verteidigen gilt. Hund tut das, was für ihn naheliegend ist: Er sichert sich potenzielle Sexualpartner, vertreibt Kontrahenten und setzt alles daran, seinen Rang zu halten, wenn nicht sogar zu verbessern. Im Normalfall zeigen unsere Haushunde solches Verhalten kaum, selten und schwach und reagiert man im entscheidenden Moment richtig, wird es später nur mehr moderat auftreten.

Aber auch unter unseren Haushunden sind solche, die mehr hinterfragen, mehr austesten, mehr einen eigenen Weg verfolgen. So auch mein Airedale Terrierrüde: Ein Hund mit hochdekorierten Eltern aus Showlinien (das sind jene Hunde, die in erster Linie Schönheitskriterien entsprechen, im Gegensatz zu Arbeitslinien, diese Hunde sind vor allem auf das Ausüben ihrer ursprünglichen

Eigenschaften gezüchtet), aber leider auch der größte Clown auf Gottes Erden! Für den Hundesport jedenfalls völlig ungeeignet.

Die Hardliner unter den Ausbildern werden zwar darauf beharren, dass jeder Hund ein gewisses Maß an Leistung auf dem Hundeplatz zeigen kann, aber ich finde, man muss auch wissen, wann etwas im Leben wenig bis keinen Sinn hat. Dusty hinterfragte jedenfalls kontinuierlich den Sinn dieser Gehorsamkeitsübungen, entschied für sich, dass all die erwünschten Handlungsabläufe – Sitzenbleiben, Liegenbleiben, weggeschickt und zurückgerufen werden – wenig sinnvoll waren. Und Dusty fand es immer wesentlich spannender, Schmetterlinge oder Hummeln zu beobachten als minutenlang eisern an ein und derselben Stelle zu verharren.

Das Hufgeklapper einer vorbeifahrenden Kutsche war für ihn definitiv eine höhere Motivation als meine Futterstückchen und für kein Leckerli der Welt wäre dieser Hund allzu lange bei Fuß gegangen, wenn doch die Wiese so verführerisch duftete und es rundherum so viel Wichtigeres zu entdecken gab.

Kurzum, der kleine Airedale legte zum Einstand zwar seine erste Prüfung mit 94 von 100 Punkten ab, doch schon kurz darauf blamierte mich Dusty bis auf die Knochen bei unserer zweiten Prüfung: Er trabte mitten unter der "Arbeit" zu den Büschen und ging markieren, hopste über den Platz, als wären die lachenden Menschen am Zaun ein Katalysator seiner Lustigkeit, setzte sich förmlich seine rote Clown-Nase auf und stelzte o-beinig so witzig durch die Gegend, dass alle ihren Spaß hatten, wir aber leider durchfielen. Mit Zwang geht bei diesem Hund rein gar nichts, und wenn es doch so wäre, ist das nicht mein Weg, also werde ich es nie erfahren.

Da ich aber nun einmal zum begeisterten Hundesportler wurde, baute ich mein altes Gewächshaus mit einem vernünftigen Boden und Spiegeln an den Wänden zur Trainingshalle aus und da trainiere ich bis heute. Da kann dieser Hund sogar apportieren, nicht meisterlich zwar, aber die Übung schaut einigermaßen so aus, wie es die Prüfungsordnung vorschreibt. Ok, manchmal startet er zu früh zum Bringholz, verliert es mitunter am Rückweg, sammelt es schlampig wieder ein, dann hängt es ihm seitlich aus dem Maul heraus – ein Anblick für Götter! Manchmal verliert er es auch erst beim "Einparken" in die Grundstellung und ist überhaupt ein bisschen fahrig beim  Ausführen dieser Übung, aber ich liebe diesen Hund ohne Ende, weil er - wenn er mittut - mit Feuereifer dabei ist. Meist dauert dieser Zustand aber nicht lange an ...

Meine Irish Terrier-Hündin Scully hingegen war das "Sandwich-Kind" zwischen Nandor und Dusty: Scully war immerhin schon drei Jahre alt, als ich begann, mit Dusty am Hundeplatz zu trainieren und eigentlich plagte mich immer schlechtes Gewissen, dass die Kleine daheimbleiben musste. Nach einigen Monaten entschied ich mich also, Scully die gleiche Ausbildung angedeihen zu lassen, hechtete mit hochrotem Kopf aus einem Kurs, versorgte den einen Hund, holte den anderen und schloss mich einer zweiten Truppe an. Nach jeweils dreißig Minuten ein Wechsel und wieder einer.

Das würde ich heute nicht mehr machen, weil kein Mensch bei einem solchen Stresspegel ruhig und klar in Kommandos und Körpersprache sein kann, aber das wusste ich damals noch nicht. Also absolvierte auch Scully ihre Kurse in der Unterordnung, lernte Fußgehen mit Blickkontakt, Sitzen, Liegen und alles, was sonst noch so zu den Basics gehört. Und tatsächlich bestand die kleine, fuchsrote Hündin dieselbe Prüfung am selben Tag, die Dusty kurz zuvor vergeigt hatte. Eine Ausbildnerin sagte damals zu mir, ich würde mit der Hündin ganz anders arbeiten, wäre lustig und unbekümmert, wohingegen ich mit Dusty erfolgreich sein wollte. Und genau dieser Druck schien den Unterschied zu machen.

-3-
Belohnung im Training

Eine der ersten nachhaltigen Informationen beim Training am Hundeplatz war jene über die Art der Belohnung. Davon gibt es mehrere: Spielzeug, Futter und Sozialkontakt. Die Motivation über Spielzeug wie Bälle, Taue, Beißwürste und Co. will jedoch erlernt sein, denn heute erlebe ich es oft, dass mir Menschen im Training sagen: "Mein Hund spielt nicht."

Beobachtet man dann deren Verhalten auf die Bitte, es einmal vorzuzeigen, sieht man den grundlegenden Fehler: Viele stopfen dem Hund das Spielzeug förmlich ins Maul, obwohl dieser kein Interesse daran zeigt. Klar, dass dieses Verhalten zum Abwenden führt. Besinnt man sich aber der guten, alten Tatsache, dass alles, was näherkommt, Bedrohung ist und alles, was wegfliegt, Beute, dann zeigen auch die vermeintlichen Spielverweigerer schnell Interesse.

Wer in kurzen, schnellen Bewegungen knapp über dem Boden und immer vom Hund weg den Motivationsgegenstand bewegt, zwischen den Beinen durch und ihn auch einmal hinter dem Rücken verschwinden lässt, wird rasch einen hoch motivierten, begeisterten "Spieler" vor sich haben.

Viel Fantasie ist auch gefragt, wenn es um die Art des Spielzeugs geht: Manchen Hunden sind Bälle das liebste Objekt, andere können ihnen nicht viel abgewinnen. Ich habe bei meinen Hunden alle erdenklichen Materialien von Gummi über Holz bis zu Plüsch probiert, getestet und angeboten, bis ich eines Tages dahinterkam, dass meine Terrier – kein Wunder! – für Fell begeistert mitarbeiten. Das ist insofern angenehm, als man beim Kürschner seines Vertrauens Reste im großen Sack einkaufen kann, die spannend riechen, sich toll schütteln lassen und schnell auch wieder in der Jackentasche verschwinden.

Klar ist, dass diese Dinge nicht herumliegen dürfen, weil sie sonst allzu schnell zerkaut oder gar verschluckt werden, aber das gilt für alle Spielsachen, speziell jene, für die der Hund arbeiten soll.

Was ständig verfügbar ist, verliert an Wert und Attraktivität. Erfahrene Hundeführer zeigen ihren Hunden oft wochenlang einen

Gegenstand, spielen selbst kurz damit, lassen den Hund aber nie zupacken und verstauen das Ding dann wieder. So wird die Lust, es endlich haben zu wollen, geschürt und die Wertigkeit enorm gesteigert.

Wer trotz aller Versuche noch immer keinen begeisterten Spielhund zum Vorschein gebracht hat, wird wohl eine kleine Fressmaschine besitzen, die für Leckerlis gern folgsam ist. Vorteil: Kleine Stückchen in der Tasche sind schnell parat, man kann im Geschmack variieren und über Futtermotivation lassen sich rasch schöne Erfolge erarbeiten. Nachteil: Die verfütterte Ration muss von der Tagesportion abgezogen werden und sobald der Hund satt ist, wird die Begeisterung abflachen. Die Faustregel in der Hundeausbildung lautet: Übungen mit Tempo über Spielzeug zu belohnen, ruhige Übungen und exakte Arbeit mit Futterstückchen verstärken.
Arbeiten wir also über eine größere Distanz wie beim Ablegen, Absetzen oder Abstellen aus der Bewegung, fliegt sofort, nachdem

der Hund die Übung rasch und sicher ausführt, das Spielzeug - und zwar nicht nach vorne, weil wir ja das Stoppen absichern wollen, sondern nach hinten über den Hund in die andere Richtung. Arbeiten wir aber an engen Wendungen in der Fußposition, am Gehen an lockerer Leine beim Spaziergang oder an kleinen Tricks, dann belohnen wir an Ort und Stelle mit Futter.

Und zu guter Letzt gibt es auch Hunde, die beide Arten der Belohnung nicht so toll finden, aber auch bei ihnen gibt es noch eine Möglichkeit der Belohnung, nämlich Lob.

Ich kenne nicht nur am Hundeplatz solche, auch mein Airedale gehört zu jenen, die nach ein paar Leckerlis keine rechte Lust mehr darauf haben, aber ein überschwängliches Lob mit echt empfundener Freude - Vorsicht, der Hund kann unterscheiden, ob man nur so tut oder ob man es wirklich super findet! - wirkt Wunder.

Dazu muss der Hund gar nicht unbedingt gestreichelt werden, unsere Körpersprache, ein Händeklatschen oder ein Lachen zeigen ihm, dass wir uns freuen und er wird alles tun, um diese Freude in uns wieder hervorzurufen.

-4-
Berührung ja, aber richtig

Die vermeintliche Lust des Hundes an der Berührung wird von Menschen leider oft missinterpretiert. Damit meine ich natürlich nicht die kuscheligen Situationen daheim, in denen unsere Hunde aktiv Nähe suchen und gekrault werden wollen. Aber wir wissen oft gar nicht genau, wie wir den Hund streicheln sollen, damit er es als Belohnung empfindet. Sicher ist eines: Der Kopf muss immer herhalten und wird viel zu oft getätschelt. Auch von Fremden.
Stellen Sie sich einmal vor, im Supermarkt käme jemand auf Sie zu und würde Sie zur Begrüßung auf den Kopf tätscheln. Kaum jemand wäre davon begeistert, weil es eigentlich ein ungebührliches Eindringen in unseren Individualraum ist. Und die Hunde müssen sich das gefallen lassen?
Einen fremden Hund lässt man ohnehin von sich aus Kontakt aufnehmen - und schiebt sich eine Hundenase in Ihre Hand, dann erst ist die Berührung am Kopf erwünscht. Lassen Sie die eigene Hand einmal eher passiv über den Hund gleiten und schauen Sie sich an, wo er verharrt. Dort ist ihm die Berührung angenehm. Vielfach sind das Schultern und Brust.
Airedale Dusty liebt es beispielsweise, zwischen den Vorderbeinen auf der Brust gestreichelt zu werden und empfindet diese Berührung auch als Lob, also habe ich auch auf dem Hundeplatz bald aufgehört, ihn am Kopf zu loben, als ich merkte, dass die Berührung auf der Brust ihn sichtlich stolzer machte. Auch meine Hündinnen mögen es weniger, an der Schädeldecke gestreichelt zu werden als etwa an den Wangen unter den Ohren. Auch der Hals, Rücken und die Flanken sind zum Streicheln eher geeignet als der Kopf, vorausgesetzt natürlich, dass zum Hund bereits Kontakt besteht und er die Berührung als angenehm empfindet.
Entzieht er sich der Hand oder lässt Sie erst gar nicht an sich herankommen, gestehen Sie ihm bitte das Recht zu, jetzt nicht oder nicht von Ihnen berührt werden zu wollen. Dies zu erkennen und zu akzeptieren ist immens wichtig, um Situationen zu vermeiden, in denen der Hund unter Umständen aus Gründen der Bedrängnis schnappt.

Ich hatte zum Beispiel kürzlich Kontakt zu der Besitzerin eines Labradoodles, also dem Mix aus Labrador und Pudel, der zum Modehund avancierte. Die Züchter dieser Designerhunde-Rassen werben damit, dass sich in der ersten Generation (F1) nur die positiven Eigenschaften beider Rassen vererben würden.

Also etwa die Umgänglichkeit vom Labrador und die Fellqualität vom Pudel, der nicht haart. Alleine diese These ist aber unter Fachleuten umstritten. Wird aus solchen Hunden weiter gezüchtet, kann es gut sein, dass sich in der nächsten Generation (F2) die unerwünschten Eigenschaften beider Rassen wiederfinden. Ein solcher Hund kann das Jagen des Labradors und das spröde Verhalten des Pudels mitbringen.

Der erwähnte Labradoodle besuchte einen Kurs auf meinem damaligen Hundeplatz und weil ich Doodles - als leidenschaftlicher Pudelhalter - grundsätzlich zwar interessant finde, mir aber niemals einen kaufen würde, kam ich mit seiner Besitzerin ins Gespräch. Als ich Blickkontakt zu dem Hund aufnahm, zeigte er sofort Meideverhalten und drehte den Kopf weg. Damit war die Kontaktaufnahme für mich auch schon wieder erledigt, dieser Hund hatte mir eindeutig zu verstehen gegeben, dass er mich nicht kennen lernen mochte. Im weiteren Training sollte die Besitzerin ohne große Nähe der Ausbildner zu ihrem Hund arbeiten, der Rüde zeigte sich gehorsam, aber Fremde musste er einfach nicht um sich haben. Die Dame berichtete dann in einer Trainingspause, dass der Hund den Sohn der Familie und dessen Freunde über alles liebe und dass die Kinder mit ihm unbeschwert spielen konnten, Erwachsene zählten aber ganz offensichtlich nicht zu den Vertrauenspersonen des Hundes.

Schade, dachte ich, weil ich einen offenen, unbekümmerten Hund erwartet hatte, leider aber musste in der Vergangenheit des Hundes - wohl in der Prägephase - eine unangenehme Begegnung mit Erwachsenen passiert sein. Reagiert ein Hund also derartig verhalten oder ablehnend, lassen Sie ihm bitte seine Individualdistanz, sofern Sie dieses Verhalten zulassen wollen.

Nun war es aber so, dass die Besitzerin des Doodles gern eine Prüfung machen wollte, bei der ja auch die Chipnummer des Hundes mittels Chiplesegerät an der linken Halsseite abgelesen wird. Das ist Standard und lässt, abgesehen vom bürokratischen Hintergrund der Zuordnung zum Besitzer, auch auf eine grundsätzliche Bereitschaft des Hundes schließen, Nähe von Fremden zuzulassen.

Einige Wochen später arbeitete ich wieder mit dem Doodle und wollte sehen, ob das Training zu Hause erfolgreich war. Doch keine Chance, der Hund wich zurück, zog mehrfach seinen Kopf aus dem viel zu lockeren Halsband, zeigte sich zickig und widerspenstig. Mittlerweile war ich allerdings sicher, dass das Problem - wie so oft - nicht der Hund war. Niemals hatte er gelernt, dass einen Moment lang eben Stillhalten angesagt war, er durfte ausweichen und machte es. Mein Urteil: mangelnde Führung.

Signalisiert der Besitzer "Ruhiges Stehen ist angesagt" und korrigiert ein Zurückweichen, wird der Hund schnell lernen, dass die Berührung des Chiplesens nicht den Kopf kostet. Je schneller der Hund diese Erfahrung macht, Belohnung und Lob inklusive, desto schneller ist das Thema vom Tisch. Hier allerdings gab man dem Wegweichen nach.

Also stellte ich die Besitzerin an einen Zaun, wo der Hund nach hinten nicht weg konnte, und stellte mich vorne schräg sehr nah dazu. Dann sprachen wir kurze Zeit miteinander und ich wartete ab, bis der Hund sich entspannt zeigte, dann legte ich schnell meine rechte Hand auf seine linke Schulter – und rechnete mit jeder Reaktion. Das Ergebnis: Es kam keine! Kein Drohen, kein Zappeln. Lernerfahrung für den Hund: Nicht erwünscht, aber erträglich. Lernerfahrung für den Menschen: Es geht ja doch. Dabei war ich mir immer noch nicht sicher, ob dieser Hund überhaupt ängstlich war. Am Ende der Trainingseinheit begleitete ich die Besitzerin zum Auto, sah wie sie umständlich den doch relativ großen Hund ins Auto hievte und stellte eine Theorie auf: Der Hund hat keine Angst, er wird viel zu sehr vermenschlicht.

Verstehen Sie mich nicht falsch, ich rede nicht von Liebe und Zuneigung, die wir unseren Hunden entgegenbringen sollen, sondern von einer völlig missverstandenen Haltung dem Hund gegenüber, durch die er erst recht Unsicherheiten entwickelt. Ehrlich gesagt: Ein großformatiger Hund wie ein Doodle kann selbst in ein Auto springen. Leckerli fliegt rein, Hund nach, Türe zu. Kein Thema, doch hier wurde es zu einem gemacht: "Er springt so ungern in den Kofferraum."

Jetzt war mir klar, dass der Hund nicht das Problem war – und weil wir im Gespräch waren, setzte ich mich völlig beiläufig auf die Kofferraum-Kante. Ein ängstlicher Hund wäre mit einem Satz ausgewichen, hätte große Augen bekommen, seine Körperhaltung wäre geduckt und angespannt und er wäre in den äußersten Winkel gekrochen, doch hier: nichts! Der Doodle zeigte mir seinen ungeschützten Rücken, beachtete mich gar nicht, sondern sah nach vorne auf das Treiben am Hundeplatz. Ebenso beiläufig begann ich ihn zu berühren, hörte auf, streichelte wieder. Dem Hund war meine Anwesenheit schlicht und ergreifend egal. Tja, hier sind dann auch wir als Trainer an einem Punkt angekommen, an dem es nicht weitergeht. Hier kann - und müsste - der Besitzer mittun, sehen, dass der Hund ein Verhalten gelernt hat, mit dem er immer wieder durchkommt und er müsste konsequent bleiben. Tut er es nicht, wird sich leider nichts mehr ändern.

-5-
Die richtige Paarung

Den richtigen Hundepartner zu finden ist oft gar nicht so leicht. Speziell Ersthundebesitzer lassen sich allzu gern von der Optik leiten und entscheiden sich für einen Hund, der ihnen gefällt, ohne zu bedenken, welche rassetypischen Merkmale und Erfordernisse er mitbringt. Bestes Beispiel sind die modern gewordenen Hütehunde wie Border Collie oder Australian Shepherd.

Hier handelt es sich um klassische Arbeitshunde, die ursprünglich dazu gezüchtet wurden, stundenlang hochkonzentriert Herden zu treiben. Meist sind sie leicht, schnell, wendig und reagieren im Optimalfall blitzschnell auf erlernte Kommandos. Einen Hütehund bei der Arbeit zu beobachten ist jedenfalls ein unvergessliches Erlebnis, weil Herr und Hund über weite Strecken mit geringsten Hör- oder Sichtzeichen perfekt zusammenarbeiten. So gesehen ist der Hütehund der verlängerte Arm des Schäfers und seine Schafe werden über weite Distanzen kontrollierbar. Nimmt sich nun eine Familie einen solchen Hund, weil sie ihn "süß" findet, kommt es spätestens nach ein paar Monaten, wie es kommen muss: Der unausgelastete Hund zeigt destruktives Verhalten und verhält sich "lästig". Klar, weil das Sitzen auf der Couch seinem Naturell widerspricht.

Derartige Arbeitshunderassen sollten sich wirklich nur Menschen nehmen, die den Hund seiner Natur entsprechend fordern und fördern können, denn eines ist klar: Der Hund wird hüten, weil er es muss – und gegebenenfalls die Kinder. Zwickt ein solcher Hütehund dann womöglich in eine Ferse, dann deshalb, weil er es über Jahrzehnte in der Zucht verankert bekommen hat – dieses "Stechen", wie der Fachmann sagt, kommt aus der Arbeit an Schaf oder Rind.

Das heißt nicht, dass sich Couchpotatoes nicht auch einen Hund nehmen können, aber definitiv eine ruhigere Rasse ohne einen derart ausgeprägten Arbeitshintergrund.

Wer nicht auf den Hundeplatz gehen will und Disziplinen wie Unterordnung, Obedience, Schutz, Fährte, Stöbern, Dogdance, Treibball oder Longieren erlernen möchte, wer nicht mit dem Hund Radfahren, Wandern oder Laufen gehen möchte, der sucht sich eben eine ruhigere Rasse aus, die sich perfekt als Familienhund eignet - oder zumindest den ruhigsten aus dem Wurf beim Züchter. Dann werden Mensch und Hund über viele Jahre miteinander glücklich leben können.

Ein klassisches Beispiel für die falsche Paarung durfte ich kürzlich beim Training erleben: Eine Frau kam mit einem brasilianischen Terrier in den Junghundekurs. Ihr Sohn hatte ein Aufmerksamkeits-Defizit-Syndrom (ADS) und für ihn war der Hund angeschafft worden. Was mich als begeisterten Terrierbesitzer schon stutzig macht, weil einen Terrier für ein Kind mit einer solchen Disposition anzuschaffen, schon eine meiner Ansicht nach falsche Entscheidung ist, da beide besondere Aufmerksamkeit brauchen.

Da der Hund bereits im Junghundekurs von meiner Trainerkollegin als leinenaggressiv bezeichnet wurde und sich pöbelnd anderen Hunden gegenüber benahm, versuchte man zu helfen, wo man konnte und alternative Verhaltensweisen anzutrainieren.

Ich selbst lernte den Hund erst in Einzeltrainingsstunden kennen, als er bereits kastriert und rund elf Monate war. Der Kleine war durchaus zur Konzentration zu begeistern und hätte eine schnelle, abwechslungsreiche Arbeit gebraucht, die er fokussiert verrichten kann. Erlaubte man ihm aber einen Blick auf den Nachbarplatz oder zum Eingang, kommentierte er jeden anderen Hund lautstark. Im Gespräch mit der Besitzerin stellte sich zwangsläufig die Frage nach der Wahl der Rasse und die Antwort war so simpel wie erschreckend: Im Internet habe sie gelesen, dass brasilianische Terrier ideale Ersthunde wären und optimal für Kinder.

Nach dem, was ich in den ersten Trainingseinheiten erlebt hatte, machte ich mir die Mühe, auf verschiedenen Internetseiten nachzulesen und fand tatsächlich derartige Beschreibungen. Schlimmer noch war aber die Idee der Frau, den Hund von ihrem Sohn ausbilden zu lassen, was für das Kind viel zu früh und für den Hund viel zu inkonsequent ist. Nun hatten sich bei dem quirligen Terrier bereits einige Verhaltensweisen verfestigt, die nur ein erfahrener Hundehalter wieder ausmerzen kann.

Wir besprachen im Team unsere Erlebnisse mit dem Hund und kamen zu dem Schluss, dass der Hund in dieser Familiensituation - noch dazu als "Wanderpokal" zwischen getrennten Elternteilen und Wohnsitzen - niemals die ruhige, sichere und konsequente Führung haben würde, die er braucht und rieten der Frau zur Abgabe. Nicht zuletzt deshalb, weil der Hund nicht mehr sicher war, schon gar nicht für ein aufgedrehtes Kind. Die Frau verneinte: "Wir trainieren weiter."

Leider war die Besitzerin aber nicht in der Lage, diesem Energiebündel Herr zu werden und sein Fehlverhalten zu korrigieren. Stattdessen gab es ein Gezerre an der Leine und tausend verschiedene Kommandos, die ungehört verhallten. Kurzum: Das Handling dieses Hundes war der Frau unmöglich. Zu guter Letzt griff sie ihrem pöbelnden Hund am Rücken ins Brustgeschirr, dieser drehte sich blitzschnell um, die Situation kippte - und er attackierte die Hand seines Frauchens. Man nennt das umgerichtete Aggression. Die Frau richtete sich auf, wich zurück und in diesem Moment sprang der Terrier aus dem Stand hoch und biss sie in die Brust.

Ein solches Verhalten zeigt ein Hund nicht von heute auf morgen, derartige Attacken fangen im Kleinen und nahezu unsichtbar an, im Spiel, am Boden, auf Hände, Füße, Fersen. Maßregelt man dann nicht, wird der Hund "deutlicher" für sich und "unerzogener" für uns. Scheinbar wurden diese Vorzeichen ebenfalls übersehen. Und nun hat man eine solche Mensch-Hund-Paarung im Training, von der klar ist, dass es eine klassische "Knackpaarung" ist. Die Frau unerfahren, überfordert, der Hund blitzschnell, schlau und ungeschliffen.

Erneut sagte ich der Frau eindringlich, dass sie unter diesen Umständen den Hund keinesfalls behalten sollte, beim nächsten Zwischenfall könnte das Kind betroffen sein. Sie lehnte wortreich ab, wollte telefonisch einen weiteren Termin vereinbaren - und seither habe ich sie nicht mehr gesehen.

Armer Hund. Da sitzt jetzt ein pubertierender Terrier im Tierheim, weil Menschen irreführenden Beteuerungen aus dem Internet

Glauben geschenkt haben. Im schlimmsten Fall holen sich solche Leute einen neuen Hund und der Zirkus geht von vorne los.

Daher mein Rat: Sprechen Sie vor der Anschaffung eines Hundes mit Profis, klären Sie, was Sie von dem Hund erwarten, erörtern Sie, warum Sie sich für diese Rasse interessieren und besprechen Sie die Situation, in der der Hund leben soll. Im Falle des kleinen Terriers wurde all das verabsäumt.

-6-
Welcher Hund passt zu mir?

Ein Schäferhund mag ein beeindruckender Gefährte sein, ein Collie ein rasanter Partner und ein Terrier ein beharrlicher Kumpel, aber ist er der richtige Hund für Sie? Wichtig **vor** der Anschaffung eines Hundes ist die Überlegung, für welchen Zweck er eingesetzt werden soll. Stimmt Ihr Naturell mit dem des Hundes überein? Ist sein genetisch etabliertes Verhalten eines, das Ihnen Freude macht? Ist sein Laufbedürfnis Ihrem ähnlich? Allzu oft treffe ich im Training auf Hundebesitzer, die schlichtweg falsch entschieden haben. Wenn ich sie treffe, zeigen ihre Hunde vielfach bereits Unarten, die darauf zurückzuführen sind, dass das Verhältnis zwischen Hund und Mensch eben doch nicht gepasst hat. Und meist ist es so, dass es der Besitzer gar nicht merkt.

Da gibt es die Schäferhündin, die längst die Zügel übernommen hat, alles und jeden aggressiv anfliegt und im Grunde nur eine konsequente Führung bräuchte.

Da gibt es den Terrier, der als Ersthund angeschafft wurde, weil er im Internet so artig beschrieben wurde und jetzt seine Besitzer attackiert.

Da gibt es den Border Collie, der viel zu dick ist, weil er statt eines "Jobs", der er erfüllen könnte, zwei betagte Menschen bekommen hat, denen er den Kuchen vom Küchentisch stiehlt.

Da gibt es den Herdenschutzhund, der so ein lieber Welpe war, plötzlich aber niemanden mehr in die Nähe seiner Familie lässt.

Alles Hunde, die in den richtigen Händen fantastisch wären, in den falschen Händen aber letztlich leiden.

Erst kürzlich wurde ich von einem Hunde-Neuling gefragt, ob ich bei der Auswahl des Ersthundes helfen könne: Man sei nun in Pension und habe Magyar Vizsla, Weimaraner, Rhodesian Ridgeback oder Labrador ins Auge gefasst. Man wohne sehr gepflegt mit Pool und Biotop, die jedoch "tabu" wären. Die über 80-jährigen Eltern sollten fallweise den Hund beaufsichtigen. Auch die Gattin, eine zierliche Person von 45 Kilo, sollte den Hund ausführen können ... Und da fasst man einen gestandenen, mutigen Jagd- oder wasserbegeisterten Apportierhund ins Auge, der mit dreimal täglich Gassigehen sein Auslangen finden soll?

Wählen Sie den Hund, der Sie viele Jahre lang begleiten soll, mit Bedacht aus und kontaktieren Sie Fachleute, die Ihnen mit Rat und Tat zu Seite stehen. **Ich helfe Ihnen gerne, einen Partner zu finden, der zu Ihnen passt.**

-7-
Der Wanderpokal

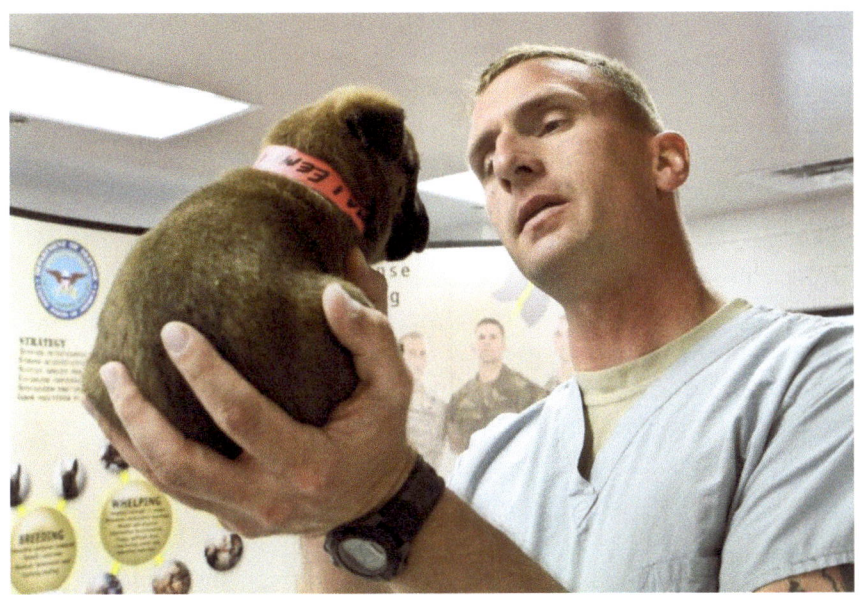

Ähnlich ging es einem anderen Hund, den ich im Training hatte: Eine pubertierende Englische Bulldogge kam zu mir in den Kurs - und schleifte ihre junge Besitzerin hinter sich her. Am Brustgeschirr klarerweise, damit man seine Menschen besser hinter sich herziehen kann! Der Rüde war noch kein Jahr alt und seinen Menschen schon längst über den Kopf gewachsen. Dabei ein lustiger, charmanter und vollkommen unterforderter Hund, der Kommandos nicht kannte und den Redeschwall seiner Menschen über sich ergehen ließ.
Er hatte sichtlich gelernt, dass alles mit Kraft zu erreichen war, davon hatte er ja genug, und sein jugendliches Frauerl hing an dem Hund wie ein kleines Kind an einem Drachen, der im Himmel tanzt. Respekt hatte der drollige Kraftprotz nie gelernt, ein Miteinander ebenso wenig. Woran das lag, sollte ich demnächst begreifen. In der nächsten Trainingseinheit tauchte der Vater der Besitzerin mit dem Hund im Kurs auf - hatte zuvor noch nie eine Hundeschule besucht - und wollte trainieren. Also schön: Ich redete mir beinahe den Mund fusselig und zerriss mich bei dem Versuch, meine anderen Kursteilnehmer, die bereits einen Grundstock an Wissen hatten, nicht zu vernachlässigen, gleichzeitig aber den Vater mit seinem Hund in die Basics einzuführen. In den folgenden Tagen zerbrach ich mir den Kopf darüber, wie ich es schaffen könnte, dieses Team in meine Gruppe zu integrieren. Dann, beim dritten Trainingstag, tauchten plötzlich die Mutter und die jüngere Schwester der Besitzerin mit der Bulldogge auf. Sie interpretierten meinen fragenden Blick richtig, erklärten wortreich, das Mädchen habe für die Uni zu lernen und habe diesmal keine Zeit. Das war der Moment, in dem ich den Hund nur mehr bedauerte. Nun wollten bei den drei ersten Trainingseinheiten bereits drei verschiedene Hundeführer mit ein und demselben Hund arbeiten. Ich lehnte ab. Auch wenn ich nicht sicher bin, ob mein Appell Gehör gefunden hat. Ich erklärte, dass der Hund - speziell in dieser Trainingsphase - lernt, die Körpersprache eines Hundeführers zu verstehen. Setzt man ihm jedes Mal einen anderen vor, kann der arme Kerl nichts Anderes tun als die Ohren zuzuklappen und das Gezerre zu ignorieren.

Jetzt verstehe ich auch vollends, warum die sympathische junge Bulldogge auf Durchzug schaltete! Im Gespräch mit einer Trainer-Kollegin erfuhr ich dann noch unverständlichere Dinge: Schon im Junghundealter seien Freunde der Familie und sogar Freundinnen der Besitzerin mit dem Hund beim Training erschienen! Wie absurd ist diese Idee! Und wie haarsträubend der Wunsch nach einem folgsamen Hund unter diesen Voraussetzungen!

Wer seinen Hund in den Grundlagen des Gehorsams ausbilden möchte und am Ende einen wohlerzogenen Begleiter haben will, muss sich schon die Mühe machen, selbst zu trainieren. Diese Menschen haben scheinbar nicht kapiert, dass es eine gute Bindung zum Besitzer und gegenseitigen Respekt braucht, um einen Hund zu erziehen. Fehlt beides völlig, wird der Hund immer wieder Grenzen hinterfragen - und überschreiten. Weil er gar nicht anders kann, um nämlich auszuloten, wo sein Platz im Rudel ist. Warum sich die junge Frau für diese doch sehr souveräne Rasse entschieden hat? "Weil sie so süß sind." Na hoffentlich bleibt das so.

-8-
Angst vor dem eigenen Hund

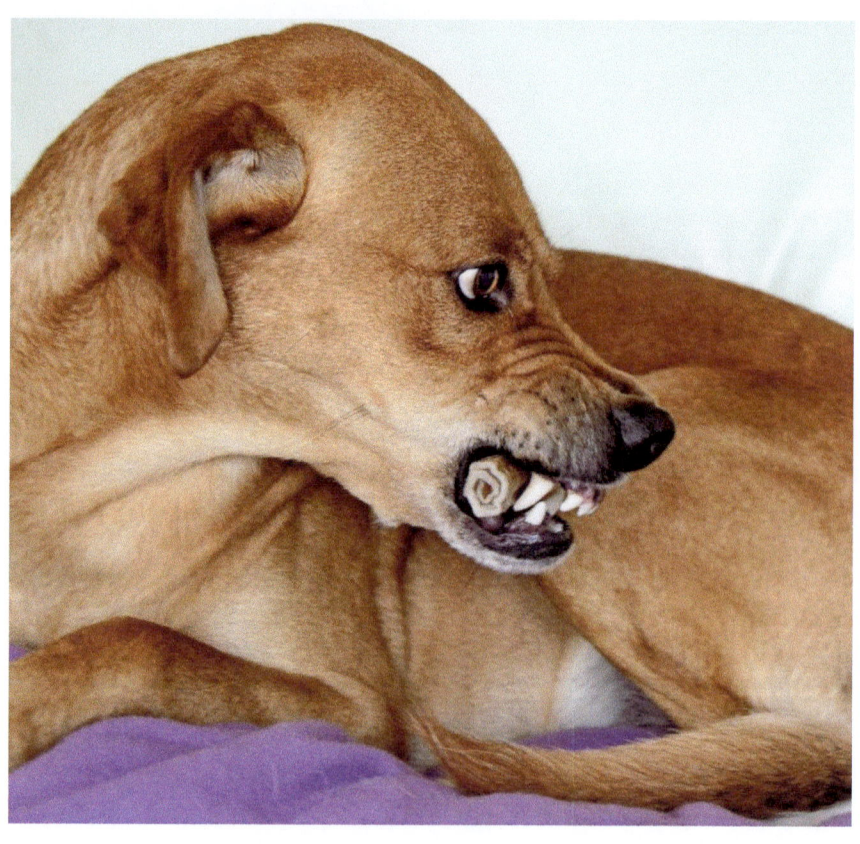

Bleibt das Verhältnis zwischen Hund und Besitzer über längere Zeit unreguliert und allzu locker, wird der Hund, weil es seinem Naturell entspricht, allmählich die Zügel "in die eigene Pfote" nehmen. Was wir Trainer dann am Hundeplatz zu sehen bekommen, sind respektlose Hunde, die ihre Besitzer maßregeln - und Menschen, die das nicht einmal bemerken.

So ein Fall kam mir zuletzt unter: Eine Dame reiferen Alters erschien mit ihrer Schäferhündin im Training. Ihr Ziel: eine Begleithundeprüfung. Die Hündin: prächtig, wenn auch etwas untersetzt, aber total eigenmächtig und völlig ungehobelt. Die Frau hing an ihrem Hund dran wie das erwähnte Kind, das einen Drachen steigen lässt. Die Hündin machte sich den Platz in wenigen Minuten zu eigen, zeigte kleinere Drohgebärden anderen Hunden gegenüber und ignorierte alles, was von ihrer Besitzerin kam. Meine Standardfrage in diesen Situationen: Was hat der Hund schon gelernt? "Wir waren im Welpenkurs." "Wie alt ist der Hund?" "Drei Jahre." "Und seit dem Welpenkurs?" "Wir haben selber geübt ..."

Die Idee einer Prüfung schwand bei mir rapide, denn hier war Basisarbeit zu leisten. Ich begann mit kleinen Rufübungen, um einmal die Bindung zwischen beiden ermessen zu können.

Witzig, wie ein Hund, der gerufen wird, nur scheinbar zum Besitzer läuft - denn tatsächlich umrundete dieser seinen Menschen, machte einen lässigen Schnapper auf dessen Futterhand hin und lief in großem Bogen ungehindert weiter.

Der Rückruf funktionierte einigermaßen, doch zu meiner großen Verwunderung sprang die Hündin dann an ihrer Besitzerin hoch - ein vermeintlicher "Ach, wie lieb!"-Moment - hielt sich an ihrem Arm fest und rammelte an der Frau herum. Korrektur? Fehlanzeige! "Sie ist ja eh brav gekommen!"

Das sind dann jene Momente, in denen man als Trainer weiß, dass man in ein paar Sekunden auf wenig Verständnis, oft sogar auf blanke Ablehnung und Empörung stoßen wird. Ich schlüsselte der Frau das gesehene Verhalten auf - und die Reaktion war wie erwartet.

Als ein Futterstückchen versehentlich auf den Boden fiel und ich mich schnell danach bückte, warnte mich mein Instinkt: Solche Situationen können mit fremden Hunden durchaus auch schiefgehen, denn eine Hündin wie diese kann augenblicklich das Futterstück verteidigen. Das passierte zum Glück nicht, aber mein Eindruck täuschte mich nicht: Wenig später appellierte ich an die Dame, ihrer Hündin fortan klare Regeln zu geben, Grenzen zu setzen und die verloren gegangene Führungsrolle entschieden wieder zurückzuerobern. Was leichter gesagt als getan ist, wenn der Hundebesitzer seinen Verlust an Führungskompetenz nicht einmal bemerkt.

Als wir einander zum zweiten Mal trafen, war ich einerseits erleichtert (weil viele Hundebesitzer nach klaren Worten in Sachen Training gar nicht mehr auftauchen), andererseits sah ich aber wenig Veränderung.

Der Hund ging, die Dame folgte ihm. Ich schickte sie kreuz und quer über den Platz, sah, wie der Hund bei entsprechender Führung plötzlich aufmerksame, ja bereitwillige Momente hatte, aber eben nur Sekundenbruchteile lang. Also erneuerte ich meinen Rat, klar in Führung und Signalen zu sein. Eine Haltung, die die meisten Hunde erst verblüfft, der sie sich aber dann relativ rasch und widerspruchslos anschließen und auf das "neue" Verhalten ihres Menschen ein verändertes, angepasstes, erwünschtes eigenes Verhalten zeigen.

Hier war es aber noch nicht so weit. Im Gegenteil: Als ich der Dame sagte, sie müsse das Rammeln der Hündin strikt untersagen, kam folgende Frage: "Aber, wenn ich den Hund korrigiere, kann es dann nicht sein, dass er mir gegenüber aggressiv wird?"

Die Frage ist berechtigt und die Antwort ist: Ja. Das wäre allerdings über kurz oder lang sowieso passiert und die Situation wird nicht besser, indem man seinen Hund gewähren lässt. Was mir zeigt, dass manche Hundebesitzer ohnehin ein gutes Gespür dafür haben, dass ihr Hund die Linie der Zuverlässigkeit schon überschritten hat.

Allerdings: Ich kann doch ein Aufreiten des Hundes nicht dulden, nur damit er nicht aggressiv wird?

Auch der erwähnte Schnapper in Richtung der Futterhand war schon ungebührlich und hatte mir gezeigt, dass der Hund hier mehr Führungsanspruch innehatte als seine Besitzerin. Nur: Dabei kann man es auch nicht bewenden lassen.

Eine Kurskorrektur ist bei jedem Hund in jedem Alter möglich, aber sinnvoll nur dann, wenn der Besitzer unerwünschtes Verhalten wirklich abstellen möchte. Kommt der Hund nur einmal damit durch, steht man wieder am Anfang. Daher sollten sich Hundebesitzer, die ein bestimmtes Verhalten ändern wollen, vor dem Trainingsbeginn fragen, ob es sie genug "stört", um am Ball zu bleiben. Grauzonen kennt der Hund nämlich nicht.

Meine Erfahrung ist jedenfalls, dass sich Hunde, die Grenzen kennen, sehr souverän innerhalb dieser bewegen und nur sporadisch hinterfragen, ob der Rahmen ihrer Möglichkeiten eventuell noch auszudehnen wäre. Rüden natürlich öfter als Hündinnen, aber auch hier kommt es in zyklischer Regelmäßigkeit vor.

Allerdings sehen Sie genau, was passiert, wenn ein Hund eine Grenze bereits kennt: Sind gewisse Dinge erst einmal ausdiskutiert, was - wenn es um Sicherheit geht, sehr entschieden notwendig ist - kommt meist der klassische fragende Blick: Darf ich? Reagieren Sie rasch und entschieden, fügt sich der erzogene Hund meist. Tut er es nicht, war die Grenze noch nicht klar genug.

Gerade in Situationen, in denen es gefährlich werden kann (wie zum Beispiel im Straßenverkehr), müssen die Regeln erlernt, auftrainiert und danach in Folge immer wieder aufgefrischt werden. Weil es die hundertprozentige Zuverlässigkeit bei Hunden eben einfach nicht gibt.

-9-
Training und Nervosität

Wir kennen es alle: Noch hundert Erledigungen am Plan, der Partner, die Kinder haben Extrawünsche und dann ist Termin in der Hundeschule. Man kommt an, Puls und Blutdruck in astronomischen Höhen, der Kopf voll mit Dingen, die noch erledigt gehören. Oder direkt aus dem Büro, wo vielleicht wieder einmal Missstimmung war. Nun soll man Ruhe ausstrahlen, eine offene, fröhliche Haltung einnehmen, die den Hund zum Mitarbeiten animiert. Wer nicht eine absolute Sportskanone an der Leine hat, weiß, dass der Erfolg an solchen Tagen enden wollend ist.

Die Besitzerin des zuvor erwähnten Labradoodles war Meisterin darin, zwischen tausend anderen Erledigungen noch am Hundeplatz aufzutauchen. Ein Fest für die Kinder, gerade aus dem Ausland zurückgekommen und vorkochen für morgen. Einfühlsame Trainer können in solchen Augenblicken ermessen, dass es wenig Sinn macht, jetzt an der exakten Ausführung der Fußarbeit zu arbeiten, weil es nicht funktionieren wird. Dann wird der Besitzer nervös, der Hund störrisch und der Arbeitseifer ist dahin.

Besser, wir lassen die Hundeführer dann ein paar Pylonen umrunden, machen Rufübungen oder bauen ein paar Hürdensprünge ein, damit das Mensch-Hund-Team erst einmal durch Bewegung Stress abbauen kann. Im Lauf der Zeit sieht man dann ohnehin, ob der Hundeführer gute Stimmung aufbauen kann.

Auch die Besitzerin einer Australian Shepherd-Hündin war in dieser Hinsicht ein klassisches Exempel: Ja, sie habe den Kurs zur Begleithundeprüfung schon besucht, nur zur Prüfung sei sie nicht angetreten. Sowas macht immer stutzig. Bei näherer Betrachtung war die Besitzerin extrem nervös.

Kein Wunder, besuchte doch der Ehemann mit einem jüngeren Hund den parallel laufenden Junghundekurs sehr erfolgreich. Das kann gut gehen, muss es aber nicht: Meist schauen Hunde, die einander gut kennen, immer wieder zum anderen, hören womöglich die Stimme eines anderen Familienmitgliedes und die Konzentration ist verloren.

Unsere Aussie-Besitzerin war ein Nervenbündel, wollte ganze Geschichten erzählen und ihre Situation detailreich schildern. Dabei hätte sie nur durchatmen müssen und auf den persönlichen Qualitätszeit-Modus umschalten.

Jetzt wäre es besonders wichtig, abschalten zu können. Der Hundeplatz soll ein Vergnügen sein, auch wenn es schwierige Übungen zu meistern gilt, aber definitiv keine Belastung. Ist das der Fall, sagen Sie besser Ihr Training ab, weil der Hund ohnehin spürt, dass Sie nicht bei der Sache sind. Werden Sie dann auch noch hektisch oder gar ungerecht, badet der Hund das falsche Zeitmanagement aus. Und das steht nicht dafür.

-10-
„Mein Hund spielt nicht"

Im Hundesport nützen wir die Begeisterung unserer Hunde für Spielzeug, da wir so großen Enthusiasmus in die Übungen bekommen. Dazu ist es aber wichtig, dass der Grundstein für diese Spielfreude richtig gelegt wird. Wenn möglich schon in "Kindertagen" belohnen wir Aufmerksamkeit mit einem Spielzeug. Viele Hundebesitzer kommen ins Training und sind der Meinung: "Mein Hund spielt nicht."

Das stimmt jedoch meist nicht: "Richtiges" Spielen hat als Voraussetzung, dass der Hund Interesse dafür zeigen muss. Ihm ein Spielzeug hinzuhalten und zu warten, dass er es nimmt, bringt nicht den gewünschten Erfolg. Es gilt folgende Regel: Alles, was auf den Hund zukommt, ist eine Bedrohung; alles, was wegfliegt, ist Beute. Das Spielzeug sollte also stets vom Hund wegbewegt werden, erst dann ist es spannend. Spielen Sie rund um Ihre Beine, ehe Sie ein Spielzeug werfen. Es soll sich ruckartig bewegen, dann entwickelt der Hund garantiert die Motivation, es zu fangen (siehe Seite 18).

Wollen Sie danach ein Spielzeug als Belohnung etablieren, gilt es, seinen Wert für den Hund zu steigern. Wertvoll ist es dann, wenn es nicht oder nur schwer zu bekommen ist. Es mag merkwürdig klingen, aber tragen Sie das Spielzeug Ihrer Wahl ein paar Tage lang begeistert herum, zeigen Sie es ruhig auch anderen Menschen, den Hund dürfen Sie dabei völlig ignorieren - und dann räumen Sie es wieder weg. Nach wenigen Versuchen werden Sie im Augenwinkel bereits beobachten können, dass sich der Hund für dieses "unbekannte Objekt" ungemein zu interessieren beginnt.

Ich rate meinen Kunden stets davon ab, den Hund mit Spielzeug zu überschütten und es im ganzen Haus "zur freien Entnahme" herumliegen zu lassen. So verliert es an Wert.

Meine Hunde haben eine Spielkiste, die - für sie unerreichbar - auf einem Kasten steht. Wer spielen möchte, setzt sich davor und versucht, mich mit Blickkontakt zum Spielen aufzufordern. Und auch dann hat diese Aufforderung nicht immer Erfolg. So erziehen Sie einen Hund, der gern spielt, das Spiel mit Ihnen schätzt und es als Belohnung empfindet.

Wichtig: Das Spiel wird beendet, wenn SIE es wollen, nicht, wenn der Hund es will. Beenden Sie das Spiel am Höhepunkt der Begeisterung - und zwar mit einem immer gleichlautenden Signal (z. B. "Fertig").

Wenn Sie diese Vorarbeit geleistet haben, können Sie ein besonders beliebtes Spielzeug auswählen, das wir dann im Training verwenden werden - und das nur mehr dabei verwendet wird. Sieht der Hund später am Trainingsplatz sein Lieblingsspielzeug, ist er bereit, dafür tolle Leistung zu zeigen. Und das Training wird freudig, gelöst und ohne Zwang!

-11-
Führung und Kommunikation

Kürzlich stand eine Dame am Zaun des Hundeplatzes und fragte, ob man ihr wohl helfen könne: Sie sei 92 und ihr Hund habe sie zuletzt mehrfach an der Leine umgerissen. Vorweg muss ich sagen: Hut ab, wenn man mit 92 noch so fit ist - und mit einem Trainer einen neuen Weg einschlagen will. Sie hatte einen achtjährigen, unkastrierten Rüden an der Leine, um seinen Kopf war allerdings ein so genanntes "Halti" geschlungen.

Von dieser Art, einen Hund zu führen, halte ich gar nichts, denn erstens kann jeder Hund eine anständige Fußarbeit lernen - oder zumindest, an der lockeren Leine zu gehen - und zweitens geschehen durch diese Art der Führung oft grässliche Nacken- und Wirbelsäulenschäden an den Hunden, zieht das Halti doch permanent die Schnauze zum Besitzer.

Und: Kein potenter Rüde wird sich von dieser wenig sinnvollen Konstruktion am Schauen, Drohen oder Angreifen abhalten lassen.

Wie sich herausstellte, war der Rüde, ein Tibetterrier, schon des Öfteren bei uns am Hundeplatz aufgetaucht, wahrscheinlich, weil ihm schlichtweg furchtbar langweilig war. Nun war ich das erste Mal in der Position, einer sehr betagten Dame die Grundregeln des Benimms unter Hunden zu vermitteln.

Hatte ich gedacht. Hatte mir schon vielerlei Möglichkeiten der Arbeit mit unterbeschäftigten Hunden überlegt - so wie den Schnüffelteppich, der als so genannte "externe Belohnung" den Arbeitseifer anregt und klar vermittelt, dass erst nach erfolgreich absolvierter Übung der Weg zum Suchen und Belohnen eröffnet wird. Doch leider tauchte die betagte Dame nie mehr wieder auf. Der Hund übrigens auch nicht.

Wer dafür auftauchte, war ein liebenswerter Mann mittleren Alters, der an Parkinson litt. Und einen führigen Hund haben wollte, dem er beim Spaziergang einigermaßen vertrauen konnte. Nun war seine jugendliche Hündin freilich am Bravsein wenig interessiert, aber schon nach einigen Einheiten war klar, dass es dem Hund schlichtweg an Führung mangelte. Wir stiegen zu einem Zeitpunkt ins Training ein, da die kleine Hündin eineinhalb Jahre war und somit die wichtigsten Trainingslektionen schlicht verpasst hatte, denn sie hatte eine Hundeschule noch nie von innen gesehen - der Mann hatte durch seine Erkrankung schon einige Einschränkungen, die er nur mit Tabletten mildern konnte. Sie hüpfte vor seinen Beinen herum, zwickte auf die Leinenhand hin und war reichlich unerzogen. Nach ein paar Einheiten erwähnte der Mann, er sei Reiter gewesen und habe viel Pferdeerfahrung. Nun stellte sich mir die Frage, wie ein Mensch mit einem 500-Kilo-Pferd verfahren konnte, nicht aber mit einem 10-Kilo-Hund.

Als wir das Thema "Führung" theoretisch abgehandelt hatten, kam in ihm plötzlich ein Hundeführer zum Vorschein, der mit geradem Rücken seiner Wege ging und die Kleine sich ohne viel Aufhebens an ihm orientierte. Ja, der Hund will einen Menschen, der ihm den Weg zeigt und er wird sich gerne anschließen, sind erst einmal alle Debatten über den Führungsanspruch geführt.

Klar geht das nicht von heute auf morgen, aber der mentale Teil des Führens ist der wesentliche. Und: Unerwünschtes Verhalten, das nicht korrigiert wird, stuft der Hund als erwünschtes Verhalten ein - und wird es immer wieder zeigen.

Wie oft erlebe ich im Training Menschen, die mitten im Gespräch dem wegziehenden Hund über die Wiese folgen.

Ich frage sie dann meist nach dem Gewicht des Hundes und - höflich und zwinkernd - nach dem eigenen. Nein, man lässt sich während eines Gesprächs nicht einfach wegziehen, man steht wie ein Fels in der Brandung und der Hund wartet in aller Ruhe ab, bis er wieder dran ist. Alles andere wäre widersinnig.

Sonst verkommt der Hundeführer ja zum willenlosen Gegenstand, den man - auch Hundesicht - einfach hinter sich herschleppen kann. Wo kommen wir denn da hin? Noch schlimmer sind Hundebesitzer, die in solchen Situationen völlig falsch reagieren: Nicht nur, dass sie nicht stehen bleiben – sie geben dem Hund nach einigen Malen statt des Halsbandes ein Brustgeschirr, "damit er nicht so hustet!" Es hat dem Hund niemand angeschafft, so wegzuziehen, dass der Kehlkopf drückt und wenn er hustet, dann hustet er.

Er hätte ja stehen bleiben können. Nein, da schnallt man ein Brustgeschirr um, mit dem Kommunikation überhaupt nicht mehr möglich ist ...

Ich beschreibe den Unterschied immer so: Leine und Halsband sind wie ein fester Handschlag, bei dem man Blickkontakt aufnehmen und störungsfrei miteinander kommunizieren kann. Das Brustgeschirr ist so, als ob man jemanden hinten an der Kapuze zupfen würde, wenn man etwas Wichtiges zu sagen hat. Das ist völlig diffus und ein aufmerksames Gespräch ist so definitiv nicht möglich. Dazu muss ich sagen, dass ich nicht grundsätzlich etwas gegen Brustgeschirre habe, ich selbst lege sie aber nur an, wenn ich meine Hunde kurz im Auto transportiere - für längere Strecken gibt's die Boxen. Wer gerne so spazieren gehen möchte, soll dies bitte tun - da kann man sogar die beliebte, wenngleich nicht ungefährliche Flexileine dranhängen, - am Hundeplatz finde ich Brustgeschirre überflüssig. Führung ist jedenfalls keine Frage der Leine, sondern immer eine Frage der Kompetenz.

-12-
Die blutigen Schrammen

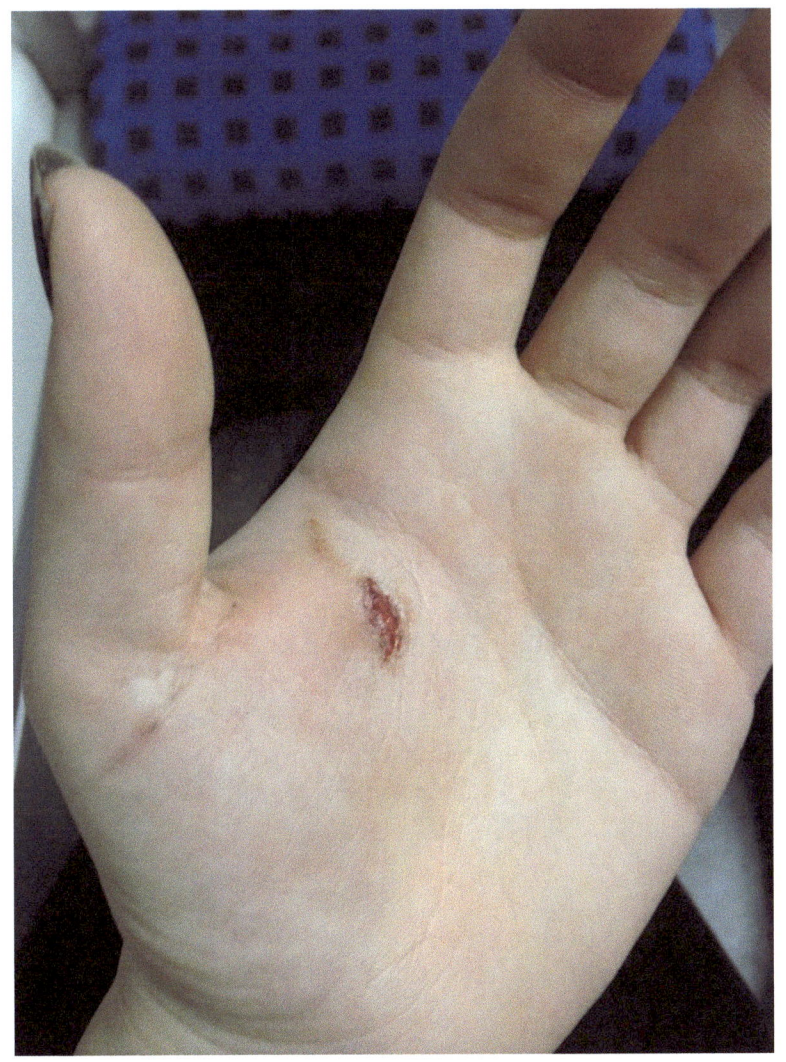

Beinahe wöchentlich bekomme ich von Hundebesitzern - meist sind es Ersthundebesitzer - blutige Hände und Unterarme gezeigt und werde gefragt: "Was soll ich tun, wenn er die Kinder anfällt!" Kein Witz! ER ist meist ein etwa vierzehn Wochen alter Welpe ... Soweit darf es natürlich nicht kommen. Auch, dass sich der kleine Hund ans Hosenbein hängt, ist in höchstem Maße frech.

Nun bin ich die Letzte, die Welpen und Junghunden nicht eine wunderschöne Kindheit ermöglicht und alles tut und empfiehlt, was dem Zwerg zum Vorteil gereicht - wird es allerdings grob und respektlos, bin ich ganz klar: Das wollen wir nicht.

Ich sage immer: "Deine Hände sind zärtlich zu dem Hund, also hat der Hund auch zärtlich zu Dir zu sein. Ist er es nicht, muss man ihn korrigieren." "Ja, darf ich das denn?", ist meist die Frage. "Du musst sogar", ist meine Antwort. Natürlich darf ich ihn wegschubsen, wenn er mir wehtut, ihm ins Nackenfell packen oder über seine Schnauze greifen, wenn er an meiner Garderobe hängt. Was wenn ich es nicht tue? Siehe zuvor Genanntes: Er speichert es als erwünschtes Verhalten ab! Besonders Kinder sollten aufpassen, dass sie beim Schnappen des kleinen Hundes nicht lachen und kichern, denn der Hund weiß unsere Gesichtszüge zu interpretieren und wenn gelacht wird, dann kann ja nichts falsch sein.

Also: Maßregeln ist erlaubt, erwünscht und unabdingbar. Das Selbe würde auch unter Wurfgeschwistern stattfinden - und zwar weit weniger zimperlich! Von der Hundemutter ganz zu schweigen. Und wenn im Rudel das Kapitel Beißhemmung trainiert wird, wird gequietscht, gedroht und gepoltert. Warum von uns nicht? Erst vor wenigen Wochen kam eine Dame mit einem - ja, schon wieder! - Labradoodle in den Welpenkurs.

Gleiche Situation, verzweifelte Leute, zerkratzte Arme, zerrissenes Gewand. Man sei genervt. Meine Theorie: Der Hund war so aufgedreht, ja überdreht, dass ein vernünftiges Miteinander gar nicht möglich war. Was ihm fehlte, war Ruhe. Ich riet dazu, die Schlafenszeiten für das Hundebaby zu überprüfen und wir kamen darauf, dass der Welpe schlicht wegen Schlafmangels überreizt war.

Tage später erreichte mich eine bestürzende SMS: Man habe "tiefe Bisswunden" und der Hund attackiere ohne Vorwarnung. Er verteidige seinen Knochen und brumme, wenn ihm etwas nicht passe. Na fein, dachte ich und machte mich zum Hausbesuch auf.
Was ich vorfand, war ein unbekümmerter Welpe, ein kleiner Sohn, der auch noch etwas sehr Welpenhaftes hatte und zwei Ersthundebesitzer, die viel zu viel wollten. Sollte ein Hund eine Gefahr für ein Kind darstellen, werde ich IMMER zugunsten des Kindes entscheiden, aber in diesem Fall heißt es einfach dranbleiben, korrigieren und kontrollieren, damit aus dem blonden Wildfang ein angenehmer Begleiter wird.

Auch die "Eltern" eines bretonischen Spaniels schreckten mich mit folgender Frage: "Was sollen wir tun, wenn er die Kinder attackiert und an den Hosen hängt?" Scheinbar ist vielen Ersthundebesitzern unklar, wie ein Welpe sich zum Junghund entwickelt.

Durch Austesten nämlich. Was darf ich, was darf ich nicht, was ist erlaubt, was geht gerade noch durch? Haben Sie je beobachtet, wie Welpen spielen oder Junghunde? Haben Sie je darauf geachtet, wie eine Hündin ihre Welpen diszipliniert? Nicht gerade zärtlich, aber gerade mit so viel Nachdruck, der erforderlich ist, um das Handeln zu unterbinden. Oft höre ich: "Wenn ich ihn wegschubse, dann wird er erst recht wild und attackiert mich immer wieder." Bei meinen eigenen Hunden drehe ich mich entweder um und gehe oder ich werde grantig, aber richtig. Das muss der Hund sehen können, um es einschätzen zu können. Also die Stimme wird entsprechend nachdrücklich, die Körperhaltung, die Gesichtszüge und vor allem die Handlung, die ich setze.

Speziell Kinder kichern über weite Strecken, wenn sie mit ihren jungen Hunden spielen, bis das Spiel dann zu grob wird. Statt den Welpen zurechtzuweisen, schubsen sie ihn weg, wie sie es eben vermögen. Zu wenig. Zu sachte. Und nicht eindringlich genug. "Aber ich schiebe meinen Hund schon vier Meter durchs Wohnzimmer", sagt ein Mann. "Aber ich habe Angst, wenn er mich anknurrt", sagt seine Frau.

Ja, wenn wir nicht einmal unsere Welpen zurechtweisen können, wie soll es dann später ablaufen, wenn der Hund in die Pubertät kommt? Also kurz gesagt: Der Welpe muss seine Ruhezeiten haben und abschalten können, sonst dreht er hoch - und überdreht. Über einen längeren Zeitraum belastet ihn das auch psychisch.

Der Welpe muss in weiterer Folge ernsthaft gemaßregelt werden, wenn er grob wird oder sein Spiel aggressiver. Bitte machen wir uns nichts vor: In einer Zeit der Political Correctness haben wir verlernt, instinktiv zu handeln.

Ich halte es mit Edward Hoagland, der sagte: *"Freude an einem Hund haben Sie erst, wenn Sie nicht versuchen, aus ihm einen halben Menschen zu machen. Ziehen Sie stattdessen doch einmal die Möglichkeit in Betracht, selbst zu einem halben Hund zu werden."*
Und denken wir erst wie ein halber Hund, dann fällt es uns auch leichter, Lob und Tadel richtig einzusetzen.

-13-
Rituale im Alltag

Unter Hunden gibt es viele Rituale. Ob beim Spiel, beim Fressen oder beim Liebeswerben, bestimmte Handlungs-muster kommen immer wieder und vermitteln Artgenossen eindeutige Informationen über nahende Absichten. Aber auch zwischen Mensch und Hund entwickeln sich mit der Zeit solche Handlungsabläufe. Rituale schaffen Grenzen, innerhalb derer sich der Hund im Alltag sicher bewegt.

Rituale verselbstständigen sich schnell – das kann positiv oder negativ sein: Hat der Hund gelernt, dass er nach der letzten Gassirunde sein Leckerli bekommt und dann schlafen geht, wird jeden Abend das gleiche ruhige Ritual ablaufen. Hat der Hund aber gelernt, an der Leine ungehindert andere Hunde anpöbeln zu dürfen, wird er auch das regelmäßig zeigen, sofern man keine Alternative zu diesem Verhalten anbietet.

Weggehen und Heimkommen: Hunde schätzen einen wiederkehrenden Rhythmus. Vielfach ist dieser mit einem Satz verbunden, den wir jeden Tag in der gleichen Situation sagen und bald reagiert der Hund entsprechend: Geht nur der Mensch fort, ist es sinnvoll, das Weggehen ruhig zu gestalten, ohne dem Hund viel Aufmerksamkeit zu geben. Ein kurzes Streicheln, ein Wort genügt. Große Verabschiedungsszenarien würden nur signalisieren, dass die Situation etwas Besonderes ist. Beim Wiederkommen sollte der Hund nicht übermäßig beachtet werden, da sich so große Begrüßungsrituale entwickeln. Ebenfalls: ein Wort, eine liebe Geste. Erst wenn der Hund sich beruhigt hat, widmet man ihm Aufmerksamkeit.

Weggehen mit Hund: Hier kann durch Signale wie Schuhe anziehen oder mit dem Schlüsselbund klappern in kürzester Zeit helle Aufregung entstehen, die mit der Freude auf den Spaziergang gekoppelt ist. Reagiert der Hund auf eines dieser Signale zu heftig, wird es - mehrfach am Tag, ruhig und ohne den Hund zu beachten - wiederholt. So lange, bis ein Geräusch oder eine Handlung für den

Hund keine Bedeutung mehr hat. Wichtig: Reagiert der Hund übermütig, ist es kontraproduktiv, zu schimpfen, da genau das wieder Aufmerksamkeit bedeuten würde. Vor dem Verlassen des Hauses den Hund zur Ruhe bringen, mit einem hüpfenden, aufgeregten Hund geht man nicht weg. Tut man es doch, hat er für dieses Verhalten seine "Belohnung" erhalten. Daher vor das Weggehen noch eine kurze Beruhigungsphase schalten.

Füttern: Dies ist eine besonders ritualisierte Situation, die mit Aufregung verbunden sein kann, was den Hund zum raschen Fressen animiert und gesundheitliche Schäden nach sich ziehen kann. Wer Hunde füttert, tut gut daran, jeden Tag das gleiche Szenario ablaufen zu lassen. In der Phase des Zubereitens brechen Sie ab, wenn der Hund zum Hochspringen und Einfordern neigt. Erst wenn er sich beruhigt hat, setzen Sie fort. Die Schüssel kommt auf den Boden, wenn der Hund ruhig wartet. Das kann viele Wiederholungen fordern. Beim Fressen soll der Hund ungestört sein.
Nach dem Füttern sollte eine Ruhepause eingehalten werden, auch diese wird schnell zum Ritual, wenn es etwa noch einen Kauknochen und eine Stunde Pause gibt.

Bei Tisch: Es empfiehlt sich, von Anfang an ein Ritual aufzubauen, das immer dann abläuft, wenn sich die Menschen zum Essen setzen. Reagieren Sie nicht auf sehnsüchtige Blicke, dann wird das Problem Betteln während der Zeit Ihres Zusammenlebens erst gar nicht auftreten.
Ideal wäre ein Liegeplatz, von dem aus der Hund seine Menschen sehen kann. Anfangs kann man den Hund mit einem Kauknochen auf seine Decke schicken, später genügt ein Kommando und das Essen läuft ungestört ab. Wer bei Tisch füttert, wird rasch das Gegenteil beobachten: Nichts ist so schnell erlernt wie das Ritual des Bettelns, speziell, wenn der Hund damit bereits mehrfach erfolgreich war.

Das Ableinen: Wenn man seinen Hund von der Leine lassen möchte, ist es von Anfang an wichtig, für den Freilauf ein Ritual einzubauen: So soll der Hund vom Welpenalter an bereits lernen, dass ein ruhiges „Sitz" mit Blickkontakt und ein Kommando ("Frei" oder "Lauf") einzuhalten ist. Andernfalls tritt das Geräusch des sich öffnenden Karabiners an diese Stelle und der Hund wird versuchen, loszustürmen. Halten Sie dieses Ritual immer ein, es dient der Sicherheit Ihres Hundes.

Aussteigen aus dem Auto: Auch hier geht es um Sicherheit. Nichts ist gefährlicher als ein Hund, der unkontrolliert aus einer sich öffnenden Autotür herausspringt. Im Auto empfiehlt sich ohnehin der Transport in einer Hundebox. Daher gilt beim Aussteigen: Boxentüre öffnen, Hund anleinen, ein "Bleib"-Kommando einführen und erst dann dem Hund mit dem Kommando "Hopp" den Weg freigeben.

Alle Kommandos sind natürlich frei wählbar, sie müssen nur immer gleich erfolgen. Sollte der Hund auf der Rückbank oder im Beifahrer-Fußraum sitzen, gehen Sie ebenso vor.

Beim Spaziergang: Gehen Mensch und Hund an belebten Stellen spazieren, ist es hilfreich, ein kleines Repertoire an Ritualen zu trainieren, das schweißt Sie als Team zusammen und hilft, der Welt einen artigen Hund zu präsentieren.

Da kann der Hund etwa lernen, am Gehsteig - bei der Ampel oder beim Zebrastreifen - ein Sitz zu machen, wird dafür belohnt und gefährliche Situationen lassen sich auf ein Minimum reduzieren.

Manche Hundebesitzer lernen ihren Hunden auch, auf Spazierwegen an den Wegesrand zu gehen und zu warten, wenn Radfahrer, Jogger oder Familien mit Kinderwagen passieren wollen.

Es gibt natürlich noch eine Vielzahl anderer Rituale, etwa wenn ein Hund seine Medikamente bekommt, gebadet wird etc., letztlich sind auch diese Handlungsabläufe in der Hundeausbildung einzelne, zusammengesetzte Rituale, die das Mensch-Hund-Team zu beherrschen lernt. Zögern Sie nicht, einen Trainer zu fragen, wenn ein unerwünschtes Ritual Ihnen Probleme bereitet.

-14-
Die richtige Beschäftigung

Für welche Art des Hundesports Sie sich entscheiden, hängt nicht nur von Ihrem Interesse, sondern in erster Linie von den Anlagen Ihres Hundes ab. Egal, ob Ihnen Agility, Flyball, Unterordnung, Obedience, Fährte, Schutz, Longieren, Treibball, Mantrailing, Dogdancing oder eine andere Disziplin vorschwebt, ein solider Grundgehorsam ist in jedem Falle erforderlich. Das heißt, dass das erste Jahr im Hundeleben ohnehin in Begleitung einer Hundeschule stattfinden sollte, wo man Ihnen Welpen- und Junghundekurse sowie den Besuch eines Begleithundekurses vorschlagen wird. Letztgenannter Kurs schließt mit der Begleithundeprüfung ab (BH). Danach können Sie entscheiden, welche weitere Disziplin Sie wählen.

So ist etwa der Begriff BGH für Begleithunde eingeführt worden, in dieser Disziplin können Sie drei Prüfungsstufen absolvieren (BGH 1, 2, und 3). In der BGH ist ein führiger Hund gefordert, der zuverlässiges Bringen zeigt (auch über die Schrägwand), der Absetzen, Abstellen und Ablegen beherrscht und eine tadellose Fußarbeit anbietet.

In der Obedience, der "hohen Schule der Unterordnung", sind in den Prüfungsstufen Beginner, 1, 2, und 3 Übungen wie Fußarbeit, Bringen (samt Metallapport), Distanzkontrolle, Identifizieren oder das Voransenden in ein Viereck gefragt. Hier wird ganz genau darauf geachtet, dass der Hund ein Höchstmaß an Leistung zeigt, der Hundeführer jedoch nur ein Mindestmaß an Hilfen und Kommandos geben darf.

In der Fährtenarbeit werden in drei Prüfungsstufen (FH1, 2 und 3) die Anlagen des Hundes hinsichtlich seiner Nasenarbeit überprüft. Hier gilt es nicht nur, eine Fährte - samt Winkeln und Verleitungen - auszuarbeiten, sondern am Weg auch noch durch Verweisen gefundene Gegenstände anzuzeigen.

Beim Mantrailing geht es darum, einen Menschen im Stadt- oder Waldgebiet mittels Geruchsträger zu finden. In der Rally Obedience werden Stationen abgegangen, an denen es Übungen zu absolvieren gilt.

Im Breitensport beweisen sich Hund und Besitzer beim Lauf über eine Hindernisbahn, beim Agility werden in höchstem Tempo Hindernisse wie Tunnels, Sprünge, Stege und Wippen bezwungen ... Die Liste der Möglichkeiten, einen Hund auszulasten ist schier unendlich. Wichtig bei der passenden Auswahl des Hundesports ist einzig die Begeisterung des Teams.

Es stimmt, dass es geeignete Rassen für die einzelnen Arten des Hundesports gibt, aber die Basics kann jeder Hund lernen. Oft entsteht erst durch intensivere Beschäftigung mit einer Disziplin eine Leidenschaft. Und sicher ist auch: Sie müssen sich keinen Druck auferlegen, sondern vorwiegend die gemeinsame Arbeit genießen.

-15-
„Hat er mich noch lieb?"

Was mir oft auffällt, ist das sprichwörtliche Buhlen des Menschen um die Liebe seines Hundes. Keine Frage, wir lieben unsere Hunde über alle Maßen, wir wollen, dass es ihnen gut geht und wollen den besonderen Zauber einer innigen Beziehung mit den Tieren spüren. Das ist letztlich auch der Grund, warum die wechselseitige Liebe von und zu unseren Hunden einen solchen Stellenwert in unserem Leben hat. Das sollte aber nicht darüber hinwegtäuschen, dass ein Hund es gerne mit einer gesunden, eindeutigen Struktur zu tun hat. Ein Hund will klare Grenzen ohne Grauzonen. Gibt man ihm diese vor, wird das Zusammenleben spannungsfrei sein. Enthält man sie ihm vor, wird er wie ein Suchender im Nebel mal dorthin, mal dahin tappen, um zu sehen, vielmehr aber zu spüren, wo denn nun sein Zuständigkeitsbereich endet.

Unlängst hatte ich eine Dame mit einem Pudel im Training. Das Team wollte die Basics im Grundgehorsam lernen. Die Dame reizend, liebevoll, empathisch. Der Hund Fremden gegenüber etwas vorsichtig, aber sonst souverän, wenn nicht sogar ein kleines bisschen launisch. Nun kam es, wie es kommen musste und von der Dame wurde erwartet, den Hund in der Arbeit zur Konzentration zu mahnen. Und dann kam sie, die Frage aller Fragen, die ihr fast die Tränen in die Augen trieb: "Ja, aber hat er mich dann noch lieb?"

Ja, das hat er. Mehr noch, er wird es lieben, sich auszukennen. Der Hund liebt seinen Menschen umso mehr, je genauer er diesen einzuschätzen weiß. Und es ging hier nicht um eine harsche Korrektur, die der Hund sein Lebtag nicht vergessen würde, es ging eher um einen Rüffel, der dem Junghund die Ernsthaftigkeit der Situation klarmachen sollte.

Für den Hund bedeutet es eine echte Erleichterung, den Menschen und seine Haltung vorhersehen zu können. Diese Vorhersehbarkeit ist es auch, die unser Verhältnis so besonders macht. Dazu ist es aber vonnöten, einschätzbar zu sein.

Ich erinnere nochmals an die "Der Hund zieht mich über den Platz"-Manier, die aus Hundesicht völlig unklar ist. Wer stark ist und dieser Stärke mental Ausdruck verleiht, wird einen starken, sicheren vierbeinigen Partner an seiner Seite haben. Wenn ich mit meinen Hunden trainiere, gibt es eben am Platz kein Gassigehen, sondern Aufmerksamkeit.

Dann gibt es auch kein Kratzen, kein Schnüffeln, kein Scharren, sondern Konzentration. Ist das Training vorbei - das können auch nur ein paar Minuten sein -, dann darf der Hund wieder sein gesamtes Verhaltens-Repertoire zeigen.

Kürzlich kam ein Mann mit einer rund sechsmonatigen Hündin aus Griechenland ins Training, der sichtlich noch nie einen Hundeplatz betreten hatte. Bei ihm war klar, er wollte nur einen lieben Familienhund, keinen Sporthund. Dennoch: Der Mann betrat den Trainingsplatz, die Hündin zog ihn zu den Büschen, er folgte ihr ganz selbstverständlich und die Hündin verrichtete ihr Geschäft. Ich mahnte dazu, sie im Training nicht urinieren zu lassen, schon gar nicht demonstrativ markierend. Und ja, ich habe die großen Augen und den verständnislosen Blick gesehen, den er vor mir zu verbergen versuchte.

Ich erklärte, dass ich es mit dem Training so handhabe wie im Büro - erst arbeiten, dann spielen oder meinetwegen vorher kurz spielen, aber währenddessen gibt es bitteschön einen aufmerksamen Hund, der nicht seiner Wege geht.

Der Mann ist dann nicht mehr gekommen, beim zweiten Mal kam seine Frau, die schon wesentlich mehr Interesse an einem führigen Hund zeigte, doch auch sie verstand nicht diese klare Unterscheidung zwischen Arbeit und Freizeit.

Diese Episode erinnert mich markant an die Mutter einer Freundin und ihre beiden Mischlinge. Während nämlich die Tochter mit dem einen Hund trainierte, wartete die Mutter mit dem anderen am Zaun. Doch plötzlich stand sie neben uns. "Warum bleibst Du nicht stehen?" "Er zieht so", beantwortete sie meinen fragenden Blick. "Wie schwer ist er?" "Zehn Kilo." Glauben Sie mir, ihr Hund liebt sie - umso mehr, wenn sie ihm die Führung geben, die er sucht. Ansonsten sucht er weiter ...

-16-
Das Spiel mit den Privilegien

"Wie soll ein Hund wissen, was er darf, wenn er es manchmal darf?", fragte mich ein Ersthundebesitzer-Ehepaar aus einem Junghunde-Kurs. Nun, ich sehe es so: Von vornherein ist es gescheiter, eine klare Linie zu ziehen und dem jungen Hund Dinge ganz klar zu kommunizieren, die er nicht darf.

Schwierig ist das nicht, viel schwieriger ist jedoch die Tatsache, dass man sich in der Familie oft nicht einig ist, was denn nun erlaubt ist und was nicht. Hier muss man ansetzen: Wenn sich die Menschen nicht einmal einig sind, ob ein Verhalten toleriert wird oder nicht, wie soll es dann der Hund verstehen, speziell dann, wenn die Kommandos dazu ungleich sind?

Konkret ging es bei meinem Ehepaar um die Benützung des Pools: Jeder Hundebesitzer kennt die tiefen Kratzer, die ein schwimmender Hund, der sich am Körper festklammern will, hinterlässt und weiß, wie langsam diese heilen und oft sogar unschöne Narben hinterlassen. Der Mann wollte mit dem Hund schwimmen, die Frau war zögerlich und der kleine Sohn hätte wohl tiefe Schürfwunden vom schwimmenden Junghund zugefügt bekommen. Nun, man war sich komplett uneinig. Die Frage kam, wie sie kommen musste: "Kann er lernen, dass er manchmal darf und manchmal nicht?" Nein, schon gar nicht ein Hund von wenigen Monaten. Ich riet dazu, die Pool-Benützung strikt zu untersagen, weiß aber, dass es im kommenden Hochsommer passieren wird und bin schon gespannt auf den Bericht ...

Wenn - wie in einem anderen Fall - etwa für einen die Couch tabu ist, es den zweiten nicht wirklich stört, wenn der Hund draufhopst und es dem dritten schlicht egal ist, kann kaum eine klare Linie für den Hund erkennbar sein.

Meine Hunde dürfen auf die Couch und sogar ins Bett, wenn sie gern möchten - meine Hündinnen möchten täglich und mein Rüde so gut wie nie, Baby Giovanni nur ab und zu -, nur muss klar sein, dass es sich um ein Privileg handelt, das jederzeit und ohne viel Aufhebens entzogen werden kann.

Ich kann etwa mit einer Handbewegung und einem Fingerschnipsen meinen Hunden das Couch-Privileg wieder entziehen und ja, das funktioniert einwandfrei. Ein "guter" Hund darf eine erhöhte Sitz- oder Schlafposition einnehmen und genießen, wird aber gedroht oder gepöbelt, fliegt der "böse" Hund postwendend vom gemütlichen Möbel. So einfach ist das, und genauso einfach ist es für den Hund, der ja auch in der Lage ist, sein momentan gezeigtes Verhalten einzuordnen.

Um dies umzusetzen, ist allerdings der richtige Blickwinkel der Menschen gefragt. Ich sage immer zu meinen Kunden über ihre Hunde: "Du zahlst seine Rechnungen, Du stehst für ihn gerade, also muss er sich nach Dir und Deinen Wünschen richten." Wenn Sie es so handhaben, gibt es wenig Raum für Grauzonen.

Ebenso verfahre ich bei der Fütterung nach einem streng organisierten Muster: Meine Hunde werden nach ihrem Alter gefüttert und da alle von klein an bei mir waren, ist der Rhythmus des Fütterns immer gleichgeblieben. Da gibt es kein Drohen und kein Rempeln. Jeder Hund muss etwas tun, ehe der Napf den Boden berührt - Sitzen, Liegen, Blickkontakt - und danach gebe ich erst die Futterschüssel frei. Das ist ein so einzementiertes Ritual geworden, dass es keine Unklarheiten gibt. Darum erneut mein Appell: Seien Sie klar in Ihren Ansagen, Ihr Hund wird es Ihnen danken.

-17-
Die Sache mit dem Namen

So sehr sich manche Hundebesitzer auch bemühen, alles richtig zu machen, so schnell schleicht sich doch ein markanter Fehler ins Training ein, der weitreichende Folgen hat.

Was ich damit meine, ist das kontinuierliche Nennen des Hundenamens. Nun kann man darüber streiten, ob ein junger Hund schon seinen Namen kennt, aber ich gehe einmal davon aus, dass er es tut. Was also sagt ihm die inflationäre Nennung seines Namens? Nichts.

Mehr noch, das ständige Rufen des Namens - nennen wir sie der Einfachheit halber "Mia" - verwässert diesen und seine Botschaft. Wir wollen ja eigentlich einen Hund, der hört. Und zwar mehr oder minder beim ersten Mal. Hört der junge Hund nun ständig, wie er heißt, verschwindet die Botschaft irgendwo im Nichts und verpufft. Der Name "Mia" wird somit wieder abtrainiert, die Botschaft erreicht ihren Nullpunkt.

Soll Mia nun kommen, sind zwei Dinge entscheidend. Erstens: Ist sie uns nah genug, dass die Chance auf das Befolgen des Rufes bei knapp hundert Prozent liegt? Speziell sehr junge Hunde haben noch ein kleines Gesichtsfeld, steht man dann 15 Meter weit weg und plärrt seinen Namen, bringt das rein gar nichts. Dann heißt es höchstens: Der folgt nicht. Dabei kann er die Richtung der Stimme noch gar nicht orten.

Und zweitens: Ist der Hund nicht zu abgelenkt von näherliegenden Eindrücken, dass das Herkommen schon rein biologisch gar nicht möglich ist? Etwa im Spiel in der Welpengruppe. Da können fünf Meter schon zu weit sein, als dass der Hundezwerg auf seinen Namen hören könnte.

Ist beides nicht der Fall - also wir sind nah genug und die ablenkenden Eindrücke sind wenig - dann rufen wir EIN Mal.

Möglichkeit 1: Wenn Mia kommt, strahlende Freude ins Gesicht und aufmachen - die Seele und die Arme. Ja, Hunde können unsere Gesichtszüge lesen und lernen, dass der Mensch, wenn er die Zähne zeigt, fröhlich ist. Viele von ihnen lernen, dieses Verhalten nachzuahmen und lachen buchstäblich selber.

Außerdem empfiehlt es sich immer, den Hund nicht niederzustarren, wenn er im Kommen ist, weil direkter Blickkontakt den Hund eher abstoppt als anlockt. Mehr dazu noch im nächsten Kapitel zum Ausdrucksverhalten. Vornübergebeugte Oberkörper sind ebenfalls furchteinflößend und daher sollte man sich eher ein wenig nach hinten lehnen, wenn der Hund ankommt.

Möglichkeit 2: Wenn Mia nicht kommt, nützt es jetzt auch nichts, sechs oder sieben Male den Namen zu wiederholen. Stattdessen überprüfen Sie die beiden zuvor genannten Punkte: Kann sie mich hören - und kann sie sich losreißen von den näherliegenden Eindrücken?

Wenn ich "Mia, Mia, Mia, Mia" rufe, was passiert dann? Nichts. Warum nicht? Weil Mia keine Botschaft ist. Sagen Sie dem Hund nicht, wie er heißt, sagen Sie ihm bitte auch nicht, was er NICHT tun soll. Sagen Sie ihm einfach, was er tun soll.

Schnalzen Sie mit der Zunge, klatschen Sie in die Hände, laufen Sie ihm davon, aber bitte lassen Sie den Hundenamen unangetastet. Es klingt vielleicht überzogen, aber ich bin der Überzeugung, dass irgendwann der Name eines Hundes helfen kann, eine Gefahr abzuwenden. Hat er bis dahin aber an Zauber verloren, kann Schlimmes passieren.

Meine "3 L" in der Welpen- und Junghundeerziehung lauten Locken, ja, Leckerli geben, ja, loben, ja unbedingt. Mit dem Namen sollten Sie dafür eher sparsam umgehen.

-18-
Ausdrucksverhalten

Unsere Hunde kommunizieren über Körpersprache, also Gestik, Mimik und Körperhaltung sowie über Lautgebung. Ihre Ausdrucksmittel sind Ohren, Stirn, Augen, Schnauze, Rute und Rückenhaare sowie Körperspannung, Statur und Haltung. Auf dem Bild am Kapitelanfang ist ein unsicherer oder gestresster Hund zu sehen, dessen Ohren nach hinten gelegt sind und der die sogenannte Licking Intention zeigt - das sind schnelle Leckbewegungen über die Nase. Andere Zeichen von Stress und Unsicherheit sind Gähnen, Pföteln, Kopf abwenden, urinieren, einen Bogen gehen oder verlangsamte Bewegungen.

Am Bild unten ist ein offensiv aggressiver Hund zu sehen. Im Gegensatz zur defensiven Aggression meint es dieser Hund ernst und ist bereit zuzubeißen. Speziell die kurze Maulspalte und das rundschnäuzige Drohgesicht sowie die in Falten gelegte Nase sprechen eine eindeutige Sprache. Der Hund zeigt typisches Drohfixieren und ist sich seiner Sache sicher.

Links sieht man einen gestressten Hund, der den Blick abwendet, die Ohren zurückgelegt hat und ein Gähnen zeigt.
Klassisch für diesen Gemütszustand sind unter anderem auch eine typisch geduckte Haltung, gesenkter Schwanz und deutlich geweitete Pupillen. Sein Stress kann soziale Ursachen haben oder durch einen Reiz in der Umgebung ausgelöst werden. Seine Stirn ist glatt, er möchte nicht provozieren.

Hier ein aufmerksamer, aktiver Hund, dessen Neugier ein Objekt auf sich gezogen hat. Der Hund hat sein Gewicht nach vorne verlagert und ist in diesem Augenblick noch völlig neutral. Sein Blick fixiert den Gegenstand, seine Rute wird mittig getragen, ist aber nicht steif, die Ohren sind aufgerichtet. Im nächsten Moment wird er den Fang schließen.

Die beiden Kontrahenten am oberen Bild werden sich nichts schenken: Der blonde Hund zeigt Imponierverhalten, macht sich groß und schneidet seinem Gegner den Weg ab. Typisch in dieser Situation ist die so genannte T-Stellung. Um Eindruck zu schinden, verlagert der Blonde sein Gewicht nach vorne, wird im Gang steifer und langsam, oft ist das Nackenfell in diesen Situationen gesträubt. Es besteht noch keine Angriffsintention; der hintere Hund wendet den Blick ab, legt die Ohren zurück und zeigt sich beschwichtigend. So gesehen ist dies eine Patt-Stellung, die im nächsten Augenblick in jede Richtung gehen kann. Am wahrscheinlichsten ist es, dass die Hunde umeinander herumgehen, schnüffeln, markieren und in kleiner Amplitude schnell wedeln. Achtung: Wedeln ist nicht nur ein Zeichen von Freude, sondern hier nur ein Zeichen von Aufregung.

Der Hund, der hier zu sehen ist, zeigt die klassische Vorderkörpertiefstellung, gerne auch als Spielverbeugung bezeichnet. Der Hund ist gelöst, die Rute wird in weiter Amplitude stark hin- und hergeschwenkt, der Blick ist erwartungsvoll. Die Vorderpfoten werden auf den Boden gedrückt, der Fang kann geschlossen oder offen sein. Mit dieser Geste fordert der Hund zum Spielen auf oder signalisiert, dass ein zuvor gezeigtes Verhalten vielleicht ruppig war, aber nicht als Drohung gemeint war.

Der Hund wird diese Position immer nur kurz einnehmen, um dann in eine andere Richtung davonzulaufen.

Am unteren Bild ist ein ängstlicher Hund zu sehen, dessen Augen viel Weiß zeigen, der seine Ohren zurückgezogen hat und das Objekt, vor dem er sich ängstigt, kaum anzuschauen vermag. Tendenziell hat er das Gewicht auf die abgewandte Seite verlagert und macht sich bereit zur Flucht. Kein Wunder …

Die weitere Strategie des Hundes ist noch nicht ersichtlich, vermutlich wird er sich für den Rückzug entscheiden. Hunde können in Situationen der Angst und Unsicherheit vier Strategien zeigen: Fight (Kampf), Flight (Flucht), Freeze (das Einfrieren) und Flirt (eine Art kindliches Anbiedern).

-19-
Die Angst des Riesen

Tiere, die ängstlich sind, begegnen uns Trainern in der Arbeit häufig. Die Frage, die wir zu klären haben, ist immer, woher die Angst rührt und wie sie zu bekämpfen ist. Im Falle einer Riesenschnauzerhündin war genau das aber nicht so klar. Ein "Wunschkind" in guten Händen einer verantwortungsvollen Familie mit zwei kleinen Kindern. Schon im Welpenkurs hatte ich die Hündin gekannt, da war sie vielleicht vorsichtig, aber noch nicht ängstlich. Danach sah ich sie einige Monate nicht mehr - bis sie im Winter als etwas schlaksiger Junghund wieder zu Einzeltrainings kam.

Damals trainierten wir in einer Halle, um der Witterung zu trotzen, und die Hündin wollte nicht einmal hereinkommen. Sie gab sich, als fürchte sie sich vor ihrem eigenen Schatten. Nun folgte die Frage-Phase: Was war geschehen, wann tritt die Angst auf, was machen die Besitzer dann? Die Antworten waren alle in Ordnung, sodass mir bei erster Betrachtung kein Fehler auffiel. Also arbeiteten wir intensiv mit Futterbelohnung und Freude.

Schon die Säulen der Halle zu umrunden, ging in die eine Richtung gut (Richtung Ausgang nämlich), in die entgegengesetzte Richtung nur schleppend. Schritt für Schritt unterstützten wir die Hündin. Bei der nächsten Trainingseinheit nahmen wir den Schnüffelteppich als externe Belohnung zu Hilfe und ließen die Schnauzerhündin erst ein paar Schritte zurücklegen - gemächlich, von flott war derweil noch keine Rede - um dann bei der Belohnung anzugelangen.

Nach ein paar Einheiten zeigte uns die Schwarze, dass wir auf dem richtigen Weg waren. Kurios nur, dass sie brav mitarbeitete, solange die Leine locker hing, kaum kam Spannung auf den Hund, legte sie sich nieder und war zu keinem Weitergehen mehr zu animieren. Auch nicht mit Nachdruck.

Hier wäre jeglicher Nachdruck auch kontraproduktiv gewesen. Die Riesenschnauzerdame war bereit, mitzuarbeiten, aber in ihrem Tempo. Sie nachzuschleifen wäre einfältig gewesen und hätte unser Vertrauensverhältnis zerstört.

Mit jedem Mal kam sie ein wenig mutiger durch die Türe, ihr Frauchen berichtete, dass auch der Weg entlang von Hauseinfahrten

- die zuvor kaum zu passieren waren - jetzt schon etwas besser verlief und dass sie generell einen guten Fortschritt im Alltag sah. Die unsichere Hündin hatte wirklich vielerlei Ängste im Alltag, so schien es zumindest. Hatte. Denn dank unseres intensiven Trainings mit sehr viel Einfühlungsvermögen war die Situation mittlerweile beherrschbar geworden. Wir sprechen in diesem Zusammenhang von Management: Das betrifft Dinge, die schwierig für den Hund sind, für uns aber unvermeidlich. Dank gewisser Managementmethoden versuchen wir im Training eine Möglichkeit zu finden, die das Problem vielleicht nicht komplett aus der Welt schafft, aber doch zumindest einen Weg durch den Alltag ebnet.

Zuletzt kam die Schwarze wieder im Frühling auf den Trainingsplatz. Freute sich wie eine Wilde, mich zu sehen und trabte lockeren Schrittes durch die von ihr verlangten Übungen. Es ist wunderschön zu sehen, dass ein Abweichen von "Hauruck"-Methoden auch den gewünschten Erfolg bringen kann - und wahrscheinlich eher bringt und nachhaltiger, als so manch schneller Erfolg, der mit anderen Mitteln erzielt wurde.

Hier war gerade so viel Druck nötig, dass es für die Hündin kein Meiden gab, aber auch gerade so wenig, dass sie es selbst schaffen konnte. Mittlerweile streben die beiden die erste Prüfung an und ich bin richtig stolz auf sie.

-20-
Die größten Irrtümer

1) Stöckchenspielen ist lustig

Wer schon einmal in einer Tierklinik einen Hund gesehen hat, der sich mit dem vermeintlich lustigen Stöckchen aufgespießt hat und es mitten in der Brust stecken hatte, der weiß, dass das ein kapitaler Irrtum ist. Nur allzu leicht kann im Rennen und Toben das Holz im Fang kippen, der Hund kann nicht mehr bremsen und stolpert genau in sein Unglück.

2) Hunde können alles fressen

Falsch. Zwar ist der Zusammenhang nicht gänzlich geklärt, sicher ist aber, dass manche Hunde beim Verzehr größerer Mengen von Weintrauben mit Durchfall reagieren oder sogar ernste Symptome einer Vergiftung zeigen können. Es sind sogar Fälle bekannt, in denen Hunde an einer Weintraubenvergiftung verstorben sind. Es soll zu Apathie, Magenschmerzen und in manchen Fällen sogar zu einer Niereninsuffizienz gekommen sein. Daher: Besser meiden!
In der Schokolade wiederum ist es das Theobromin, das zu Komplikationen führen kann. Auch hier kommt es auf die Menge an, aber rein biologisch können Menschen das Theobromin schnell verstoffwechseln, Hunde dagegen nur sehr langsam, wobei es toxisch wird. Speziell dunkle Schokolade hat einen höheren Gehalt, schon 25 Gramm können einen 20 Kilo schweren Hund vergiften.

3) Der Welpenschutz gilt immer

Stimmt nicht. Sie sind gefragt, Ihren Welpen zu beschützen, die Geschichte mit dem Welpenschutz ist ein Märchen. Die "Narrenfreiheit", die Welpen etwa in Wolfsrudeln in den ersten Lebenswochen haben, wurde schlicht verallgemeinert. Menschen denken, dass der Hund als schutzbedürftig eingestuft und nicht attackiert wird. Leider aber ist diese These unwahr. Höchstens in der eigenen Hundefamilie wird in Kindertagen ein distanzloses, aufdringliches Verhalten noch toleriert, aber spätestens, wenn der Welpe bei seiner neuen Familie eingezogen ist, heißt es: Selbst achtgeben!

4) Kastanienschießen macht Spaß
Im Herbst spielen viele Hundehalter mit ihren Hunden gern mit Kastanien. Verschluckt ein Hund nun eine Kastanie, so kann dies fatale Folgen haben: Durch die Darmpassage wird die Oberfläche der vormals glatten, glänzenden Frucht nämlich rau und zerklüftet und kann leicht im Darm stecken bleiben, was zu einem Darmverschluss führen kann, der operativ behoben werden muss, weil er sonst tödlich endet. Denken Sie daher bei der Auswahl des Spielzeugs an solche Dinge, die der Hund nicht verschlucken kann - und lassen Sie die Kastanien sprichwörtlich links liegen.

5) Kleine Hunde soll man tragen
Ein Irrtum. Speziell bei Hundebegegnungen sehen wir häufig Halter, die ihren Hund sofort hochheben, sobald sie einen anderen Hund sehen. Das ist für das Ausdrucksverhalten des kleinen Hundes ein Nachteil, weil aus seiner erhöhten Position kann er nichts tun außer zu kläffen. Dabei beraubt man den Hund einer Palette an Kommunikations-möglichkeiten und ich sehe keinen Grund, warum ein kleiner Hund nicht auch mit großen Hunden Kontakt haben soll. Besitzen Sie also eine Zwergrasse, lassen Sie ihn unbekümmert mit den Großen spielen. Es lohnt sich.

6) Wedelnde Hunde sind freundlich
Ebenfalls ein grober Irrtum. Viele Menschen denken, solange ein Hund wedelt, ist er gut gestimmt. Aber das ist nur bedingt richtig. Es stimmt zwar, dass der freundliche Hund wedelt, aber die Bewegung der Rute bedeutet in erster Linie Aufregung. Das kann Freude sein, muss es aber nicht. Auch Hunde in beschwichtigendem Modus wedeln, dann aber meist auf Halbmast. Sogar Hunde in aggressiver Stimmung können - dann allerdings in kurzer, schneller Amplitude - wedeln. Vertrauen Sie also nicht nur dem Wedeln, sondern betrachten Sie den Hund in der Gesamtheit seiner Körpersprache und deuten Sie die Signale richtig. Mehr dazu auch im Kapitel 18, "Ausdrucksverhalten".

7) Schlechtes Verhalten soll man ignorieren

Nein, bloß nicht! Hier handelt es sich um eine veraltete Meinung, an der nichts stimmt: Wenn Ihr Kind frühmorgens heimkommt und auch sonst allerlei Unfug macht, werden Sie auch aktiv. Daher muss auch der Hund beigebracht bekommen, was richtig und was falsch ist. Handeln Sie sofort, wenn ein Verhalten unerwünscht ist und zeigen Sie dem Hund deutlich - wie erwähnt mit körpersprachlichen Signalen, Ton und Mimik -, dass dies verkehrt war.

8) Schlimme Hunde schüttelt man am Nackenfell

Ein längst überholter Irrtum. Das Schütteln in dieser Situation käme dem Totschütteln gleich und das zeigen nur Hunde, die eindeutig töten wollen. Für unsere Hausgenossen eine völlig wahnwitzige Praxis, denn der so behandelte Hund durchleidet sprichwörtlich Todesängste. Vor allem, um Welpen zu disziplinieren, hatte sich diese Idee in den Köpfen festgesetzt. Grob fahrlässig und blanker Unfug.

9) Hunde haben ein schlechtes Gewissen

Stimmt leider auch nicht. Hunde haben kein Gewissen, so wie wir es kennen. Kommen wir nach Hause und der Hund hat etwas zerstört, ist es nicht sein schlechtes Gewissen, das ihn im Körbchen verschwinden oder beschwichtigen lässt, sondern nur die Reaktion auf uns: Kennt uns der Hund gut, kann er aber sehr wohl anhand unserer Reaktion auf das Chaos unser Verhalten prognostizieren. Kennt er uns kaum wie etwa ein Welpe, dann ist aber auch er in der Lage, aufgrund von Stimmung und Körperhaltung auf unsere Reaktion zu schließen. Hat nichts mit schlechtem Gewissen zu tun, sondern vielmehr mit der Gabe, uns zu lesen und zu interpretieren.

10) Knurrende Hunde greifen gleich an

Auch nicht wahr. Ein Hund, der knurrt, kommuniziert. Seien wir froh, dass er das tut, denn gewöhnen wir es ihm ab, kann es sein, dass er in der Eskalationsleiter gleich die letzte Stufe, nämlich die des Beißens, erklimmt. Ein knurrender Hund will vor allem eines - nämlich mehr Raum. Der steht ihm nicht zur Verfügung, denn wäre dem so, würde er wahrscheinlich weggehen. So gesehen ist das Knurren ein Drohen, angstmotiviert oder unsicher, aber jedenfalls ein ganz normales Ausdrucksverhalten. Auch hier ist es wichtig, den ganzen Hund zu beobachten: Wie liegt sein Fell, wo stehen die Ohren? Ein Knurren allein heißt jedenfalls nicht, dass ein Angriff unmittelbar bevorsteht.

„Dem Hunde, wenn er gut gezogen,
wird selbst ein weiser Mann gewogen."

Johann Wolfgang von Goethe
(1749 - 1832), deutscher Dichter der Klassik, Naturwissenschaftler und Staatsmann

Schlusswort: *Wer - so wie ich - sein Leben den Hunden widmet, wird erkennen, dass auch noch so intensive Beschäftigung mit der Materie keineswegs Garant dafür ist, Fehler zu vermeiden. Jeder Hundebesitzer, auch jeder Trainer, macht Fehler, meist einmal, um aus ihnen zu lernen.*

*Lassen Sie sich nicht verunsichern, vertrauen Sie Ihrem Instinkt und Sie werden sehen, dass jede Hundeaufzucht, jeder Hunde-Lebensabschnitt mit Ihrem vierbeinigen Liebling souveräner wird als der vorhergegangene. In diesem Sinne danke ich für die Aufmerksamkeit. Ihre Erlebnisse und Episoden können Sie mich gerne unter **wessig@aon.at** wissen lassen. Ich würde mich freuen.*